Die besten ENTSPANNUNGSTECHNIKEN

Wichtiger Hinweis

Die in diesem Buch veröffentlichten Informationen, Angaben, Anregungen, Übungen und Ratschläge wurden von Autoren, Redaktion und Verlag nach bestem Wissen erstellt und mit größtmöglicher Sorgfalt geprüft. Sie bieten jedoch keinen Ersatz für eine kompetente und sachkundige gesundheitsbezogene oder medizinische Beratung. Jeder Leser und jede Leserin ist für eigene Entscheidungen im Hinblick auf Anregungen dieses Buches jederzeit selbst verantwortlich. Alle Angaben in diesem Buch erfolgen daher ohne jegliche Gewährleistung seitens Autoren, Redaktion, Verlag und Handel, die in keinem Fall für mögliche Schäden oder Nachteile bezüglich gegebener Hinweise, Informationen oder Ratschläge haften.

Die besten ENTSPANNUNGSTECHNIKEN

Autogenes Training,
Meditation, Yoga und mehr
für ein ausgeglichenes Leben

Inhaltsverzeichnis

EINFÜHRUNG 8

GEZIELTE ENTSPANNUNG 14

Autogenes Training 16

Meditation 26

Atemübungen 40

Yoga 52

Pilates 68

Taijiquan 82

Qigong 92

Jyutsu 102

Progressive Muskelentspannung (PME) 108

Selbstmassage und Akupressur 118

Klangmassage 136

GEFÜHRTE ENTSPANNUNG 142

Massage 144

Aromatherapie 148

Fantasiereise 152

Kuschelparty 156

AUSGLEICHENDE TÄTIGKEITEN 160

Sport 162

Singen 172

Tanzen 182

Musizieren 188

Theater 196

Malen 202

Handarbeit und Handwerk 212

Spielen... 218

Sauna 228

Lachen 232

INNERE HALTUNG ... 238

Hygge ... 240

Achtsamkeit ... 248

Work-Life-Balance ... 252

Einführung

LIEBE LESERIN UND LIEBER LESER,

zweifellos leben wir in einer spannenden Zeit. Vieles ist möglich. Speziell die Digitalisierung verändert unser Leben. Eigentlich müssten wir durch Smartphone, Apps oder einwandfreie Technik mehr Komfort und vor allem mehr freie Zeit haben. In Tat und Wahrheit fühlt sich das für viele von uns nicht so an. Alles ist irgendwie schneller geworden. Wir sind getrieben vom Fortschritt. Mit ihm Schritt zu halten, übt genauso viel Druck aus, wie ihm voraus zu sein. Und manche Dinge oder Zusammenhänge verstehen wir schlicht und einfach nicht mehr. Ein Beispiel: Das Auto bleibt plötzlich liegen, wir öffnen die Motorhaube und sehen keine Maschine, sondern einen hermetisch abgeschlossenen Block. Die Chance einzugreifen, gibt es nicht. Das Ergebnis: viele Menschen verspannen – emotional und physisch.

DIE WELT DER ENTSPANNUNGSTECHNIKEN IN EINEM BUCH

Vielleicht empfinden Sie ja auch so und haben darum zu diesem Titel gegriffen. Vielleicht dachten Sie sogar bei sich: Endlich halte ich mal wieder ein Buch in den Händen. Herzlichen Glückwunsch! Sie sind auf dem besten Weg zu entspannen. Sie haben sich Zeit genommen, ein paar Gedanken in das eigene Wohlbefinden zu investieren. Lassen Sie Taten folgen! Probieren Sie aus, was zu Ihnen und Ihrem Leben passt. Dieser umfangreiche Ratgeber versorgt Sie mit vielen Anregungen und zeigt die Fülle der Möglichkeiten.

Auf dem Weg zur persönlichen Entspannung ist dieses Buch Ihr individueller Begleiter. Sie finden Traditionelles und Innovatives rund um das Thema Relaxing. Gegliedert ist das Buch in vier Kapitel; jeder Beitrag hat eine Smart-Info – also eine kurze Zusammenfassung, die Ihnen einen Überblick gibt. So können Sie schnell Ihr Lieblingsthema ansteuern und sich später den übrigen Beiträgen zuwenden.

GEZIELTE ENTSPANNUNG

Von „A" wie Atemübung bis „Y" wie Yoga treffen Sie auf Anregungen, die teils aus anderen Kulturen und Epochen zu uns kamen. Sie lassen sich überwiegend selbstständig durchführen. Ein prima Einstieg, sofort zur Entspannung zu gelangen. Viele einfache Übungen liefern wir gleich mit.

GEFÜHRTE ENTSPANNUNG

Sie sind auf der Suche nach Entspannung und möchten dabei die Gemeinschaft nicht missen? Wir haben herausgefunden, dass Entspannungsmethoden auch zu Zweit oder in der Gruppe gelingen können. Dabei werden Sie geführt oder Sie selber sorgen für Entspannung, beispielsweise als Erzähler einer Fantasiereise. Einige Ideen dazu finden Sie in diesem Kapitel.

AUSGLEICHENDE TÄTIGKEITEN

Dieses Kapitel stellt den Bezug zwischen Alltag und Erholung ganz praktisch her. Die Techniken der Entspannung sind uns allen geläufig. Wir haben lediglich vergessen, dass Handwerken oder Musik machen entspannend wirkt. Dieser Abschnitt erinnert auch an kindliche Beschäftigungen wie Spielen, Malen oder einfach das Lachen. Dinge, die wir als erwachsene Person schlicht vergessen haben. Einfach anzuwendende Tipps stehen hier ganz oben.

INNERE HALTUNG

Schließlich widmen wir uns der Einstellung zu verschiedenen Facetten unseres Lebens. Da gibt es negative Einflüsse wie Termindruck, Einsamkeit, das Gefühl von Überforderung oder auch physische Verspannung. Wer darüber nachdenkt, kann sie positiv verändern. Vielleicht ist für Sie eine entspannende Inspiration dabei.

WAS ALLEN BEITRÄGEN GEMEIN IST: ENTSPANNUNG HAT MIT AKTIVITÄT ZU TUN

Mal sind die Übungen sanft und leise, mal dynamisch und klangvoll. Schalten Sie den Fernseher, die Konsole oder das Smartphone einfach mal ab. Wahre Entspannung passiert nicht durch „Berieselung" oder vorgefertigte Computerspiele. Alkohol wirkt ebenso wenig wirklich entspannend. Kreativität und Bewegung erzielen einen entspannenden Effekt – hört sich verrückt an, aber es funktioniert. Und sogar das scheinbar passive Verhalten bei der Massage wirkt anregend, da Ihr Geist zur Ruhe kommt. Es gibt Raum für neue Bilder. Sie befreien sich aus der Umklammerung des Alltags.

Genug der einführenden Worte – wir wünschen Ihnen viel Freude beim Ausprobieren der verschiedenen Techniken und vor allem eine entspannte Zeit.

Gezielte Entspannung

ENTDECKEN SIE IHR GANZ PERSÖNLICHES POTENZIAL MIT DIESEN GEZIELTEN ENTSPANNUNGSTECHNIKEN. SIE SIND IHR EIGENER MEISTER! VIELE ÜBUNGEN LASSEN SICH SOGAR UNTERWEGS ODER IM BÜRO ANWENDEN.

Autogenes Training

> **SMART-INFO**
> Das Autogene Training (AT) ist eine Form der Selbsthypnose und basiert auf Autosuggestion. Durch das systematische Wiederholen bestimmter und immer gleicher Formeln soll eine körperliche Entspannung erzielt werden, die sich auf die Psyche ausweitet. Mit unserer Anleitung und etwas Übung schaffen Sie das auch!

Im Berlin der 1920er Jahre entdeckte ein Psychiater die menschliche Fähigkeit, sich allein durch Vorstellungskraft in einen Zustand tiefer Entspannung zu versetzen. Diese Beobachtung führte zur Entwicklung einer Entspannungsmethode, die „Autogenes Training" genannt wird und heute nicht nur weit verbreitet, sondern sogar als Psychotherapiemethode gesetzlich anerkannt ist. Besagter Psychiater war Johannes Heinrich Schultz. Seine aus der Hypnose entwickelte Methode präsentierte er erstmalig im Jahr 1926; 1932 veröffentlichte er sie dann in seinem Buch „Das autogene Training".

Der Kern des AT ist schon im Namen zu erkennen: Autogen. Das griechische Wort „auto" = „selbst" und das lateinische „genero" = „erzeugen" verweisen auf das Grundprinzip des AT, einen Zustand tiefer körperlicher und psychischer Entspannung selbst herbeizuführen.

WARUM SOLLTEN SIE AUTOGENES TRAINING ANWENDEN?

Heutzutage wird das AT sehr vielseitig angewendet: zur Verbesserung der Lebensqualität und des Allgemeinbefindens, zur Steigerung der Konzentrationsfähigkeit, zur Stressreduktion, zur Leistungsverbesserung und zu Therapiezwecken – um nur einige Einsatzbereiche zu nennen. Probieren Sie es aus und entdecken Sie selbst, welchen Einfluss das AT auf Ihr Leben und Ihren Alltag hat, welche positiven Veränderungen es für Sie bewirkt.

AUTOGENES TRAINING: EINIGE PRAKTISCHE HINWEISE UND REGELN VORWEG

Das Autogene Training gehört zu den universellsten Entspannungsübungen, weil es überall und jederzeit angewendet werden kann. Wenn Sie mehrere Wochen lang ein paar mal täglich trainieren, beherrschen Sie die Praxis des AT bald sehr gut.

Sie sind dann in der Lage, einen tiefen Entspannungszustand für Körper und Geist „wie auf Knopfdruck" zu erreichen. Auf dem Weg dahin ist wichtig, dass die Formeln, die später noch vorgestellt werden, immer gleich lauten – so kann der Entspannungseffekt konditioniert, also zur automatisch eintretenden Gewohnheit werden.

Mindestens genau so wichtig wie die gleichbleibenden Formeln ist das Beenden des Autogenen Trainings. Das sogenannte „Zurücknehmen" führen Sie am besten nach jedem Üben durch, damit Körper und Geist auf den Wachzustand vorbereitet werden. So vermeiden Sie, nach dem AT im tranceartigen Entspannungszustand benommen „durch den Tag zu taumeln". Wie die Rücknahme funktioniert, erfahren sie auf den folgenden Seiten.

Trainiert wird entweder im Sitzen oder im Liegen. Die Hauptsache ist, dass Sie sich in einer bequemen Position befinden. Wenn Sie drei Mal täglich und mindestens einmal im Sitzen und einmal im Liegen üben, sind Sie bald ein Profi.

DIE SIEBEN GRUNDÜBUNGEN DES AUTOGENEN TRAININGS

Die Grundform des AT gliedert sich in sieben Übungen, die jeweils von einem Formelsatz begleitet werden. Bei den Formeln, die wir Ihnen gleich vorstellen, handelt es sich eher um Richtlinien. Sie können diese Formeln gerne genau so übernehmen oder Sie denken sich eigene Formulierungen aus. Die Formeln sind immer kurz und klar. Vermeiden Sie negative Wörter wie „nicht" oder „kein" und Wörter, die einen Zwang ausdrücken („muss" oder „soll"). Das Wichtigste ist, dass die Formelsätze immer gleich bleiben. Verwenden Sie also diejenigen Formeln, mit denen Sie sich am wohlsten fühlen und behalten Sie diese bei jedem Üben bei. Wenden Sie die Formeln und auch die Übungen außerdem immer in der gleichen Reihenfolge an, da sie aufeinander aufbauen.

Aber nun genug der theoretischen Worte und 'ran an die Praxis! Machen Sie es sich bequem und schließen Sie die Augen. Los geht's!

Verwenden Sie Formeln, mit denen Sie sich am wohlsten fühlen ♥

1. Ruhetönung: „Ich bin ganz ruhig"

Sprechen Sie die Vorsatzformel der Ruhetönung in Ihrem Innern mehrmals vor sich hin. So verfahren Sie auch mit allen späteren Formeln: Wiederholen Sie den jeweiligen Satz mehrere Male in Ihrem Kopf, bis Sie ihn verinnerlicht haben. Dadurch werden andere Gedanken und Wahrnehmungen überblendet und Sie kommen zur Ruhe.

2. Schwereübung: „Der rechte Arm ist schwer"/ „Der linke Arm ist schwer"

Beginnen Sie mit Ihrem starken Arm – Rechtshänder/innen nehmen den rechten und Linkshänder/innen den linken Arm. Als Anfänger sollte man sowohl bei der Schwereübung als auch bei der Wärmeübung zunächst bei einem Arm bleiben. Erst, wenn das klappt, kann die Übung auf den ganzen Körper ausgeweitet werden. Dazu gehen Sie nach dem starken Arm auf den anderen Arm über: „Der linke/rechte Arm ist schwer". Danach sind die Beine an der Reihe: „Das rechte Bein ist schwer", „Das linke Bein ist schwer" und zuletzt der gesamte Körper: „Der ganze Körper ist schwer".

Bei der Schwereübung werden die Muskeln der einzelnen Extremitäten entspannt und fühlen sich dadurch schwer an. Zu Beginn fällt es Ihnen vielleicht schwer, diese subtilen Empfindungen aus dem Innern zu erkennen. Das liegt daran, dass wir eher gewohnt sind, auf äußere Reize oder starke Empfindungen wie Schmerz oder Hitze zu reagieren. Wenn Sie aber etwas üben und genau in Ihren Körper reinhorchen, nehmen Sie die Schwere bald wahr.

3. Wärmeübung: „Der rechte Arm ist warm"/ „Der linke Arm ist warm"

Wie bei der Schwereübung beginnen Sie mit Ihrem starken Arm und weiten die Übung erst auf den ganzen Körper aus, wenn Sie sie beherrschen. Mit der Entspannung des Körpers wird im vegetativen Nervensystem von Sympathikus auf Parasympathikus umgeschaltet. Das bedeutet, dass der Körper von einem angespannten Zustand der Aufmerksamkeit und Fluchtbereitschaft in einen Zustand der Ruhe und Entspannung wechselt. Herzfrequenz und Blutdruck sinken und die Verdauungsaktivität wird erhöht. Außerdem erweitern sich die

Gefäße und die Haut wird stärker durchblutet, was zu einem messbaren Temperaturanstieg auf der Haut führt. Die Wärme, die man bei der Wärmeübung spürt, ist also keine bloße Einbildung, sondern auf eine bessere Durchblutung zurückzuführen. Vielleicht empfinden Sie beim Durchführen dieser Übung ein leichtes Prickeln in den Extremitäten – auch das können die erweiterten Blutgefäße auslösen.

4. Atemübung: „Die Atmung ist ruhig", alternativ: „Der Atem fließt ruhig und gleichmäßig" oder „Es atmet mich"
Bei der Atemübung geht es nicht um die aktive Beeinflussung der Atmung. Im Gegenteil: Lassen Sie den Atem einfach fließen. Spüren Sie, wie sich Ihre Lunge von selbst mit reiner, wohltuender Luft füllt und wie die Luft wieder gleichmäßig hinausfließt. Merken Sie, wie Sie mit jeder Ausatmung tiefer in die Entspannung sinken und eine angenehme Ruhe empfinden. Fühlen Sie, wie gut Ihnen jeder Atemzug tut. Atmung beobachten und spüren, statt lenken und beeinflussen ist hier die Devise.

5. Herzübung: „Das Herz schlägt ruhig und regelmäßig"
Nehmen Sie das beruhigende und gleichmäßig wiederkehrende Pochen Ihres Herzens bewusst wahr. Ihre Entspannung wird intensiver und das Gefühl der Körperwärme steigt vor allem im Brustbereich durch die Erweiterung der Herzkranzgefäße an. Ganz wichtig: Vermeiden Sie Formelsätze wie „Das Herz schlägt langsam", da dies im Ernstfall zu einer Herz-Rhythmus-Störung führen kann.

6. Leibübung: „Das Sonnengeflecht ist strömend warm", alternativ: „Der Bauch ist strömend warm"
Da der deutsche Begriff des Sonnengeflechts für den Solar plexus heute nicht mehr gebräuchlich ist, wird häufig der Bauch oder der Leib als Bezugspunkt genannt. Mit der Leibübung werden die Organe im Bauch entspannt und die Verdauung angeregt – auch eine Folge der Aktivierung des Parasympathikus. Eine wohlige Wärme breitet sich in Ihrem Bauch aus. Wundern Sie sich nicht, durch die angeregte Verdauung gibt Ihr Bauch vielleicht Geräusche von sich.

Nehmen Sie das Pochen Ihres Herzens bewusst war ♥

7. Stirnübung: „Die Stirn ist angenehm kühl", alternativ: „Der Kopf ist klar, die Stirn ist kühl" oder „Die Stirn ist glatt und kühl"

Mit der Stirnübung wird schon das spätere Aufwachen, das sogenannte „Zurücknehmen", vorbereitet. Die Stirnkühle fördert Konzentrations- und Leistungsfähigkeit und macht einen „klaren Kopf". Möchten Sie das AT als Einschlafhilfe verwenden, lassen Sie diese letzte Übung einfach weg.

8. Zurücknehmen: Fäuste mehrmals ballen und wieder öffnen, Arme wiederholt beugen und strecken, Oberkörper aufrichten; einige Male tief ein- und ausatmen und die Augen öffnen

Der wichtigste Part des Autogenen Trainings ist das Zurücknehmen. Mit ihm wird der Wachzustand eingeleitet. Wiederholen Sie das Zurücknehmen, wenn Sie sich noch nicht wach genug fühlen. Nur vor dem Einschlafen kann das Zurücknehmen, genau wie die Stirnübung, weggelassen werden.

DEN ZUSTAND TIEFER ENTSPANNUNG IMMER UND ÜBERALL ERREICHEN

Geübte Anwender des AT können überall und jederzeit den Zustand der tiefen Entspannung einnehmen. Mit Geduld und etwas Übung ist es auch bei Ihnen bald soweit. Damit Sie als Anfänger/in beim Trainieren den erwünschten Entspannungseffekt erzielen, ziehen Sie sich am besten in eine ruhige Umgebung zurück. So können Sie ungestört in eine tiefe Entspannung gleiten. Lassen Sie Alltagsstress, laute Geräusche und störende Ablenkung hinter sich und widmen Sie sich vollkommen sich selbst. In unserer vernetzten und digitalen Welt tut es gut, sich einmal herauszunehmen und nicht ständig ansprechbar zu sein. Der einzige Gesprächspartner, den Sie für diese Form der Entspannung brauchen, sind Sie selbst. Vielleicht erschaffen Sie sich jeden Tag für ein paar Minuten eine ruhige Insel, auf der Sie sich ganz Ihrer Entspannung hingeben können und auf der Sie niemand erreichen kann – der Alltag kommt auch mal ohne Sie zurecht.

> **WICHTIG!**
> Wenn Sie unter Herzproblemen leiden, ist es wichtig, den Formelsatz zur Herzübung mit einem Arzt abzuklären. In dem Sinne „falsche" Formelsätze können zu Herz-Rhythmus-Störungen führen. Bei Kopfschmerzen und Migräne gilt das Gleiche für die Stirnübung – diese sollten Sie gegebenenfalls einfach weglassen.

Meditation

Viele Entspannungstechniken nutzen die Meditation, um einen Zustand der Tiefenentspannung zu erreichen. Und das mit gutem Grund: Die positiven Auswirkungen von Meditation auf Körper und Geist sind zahlreich und bemerkenswert. Sie kann in allen Lebensbereichen für eine innere Gelassenheit und Zufriedenheit sorgen, sogar die Heilung psychischer und physischer Krankheiten wird durch regelmäßige Meditation unterstützt. Auch gegen Alltagsprobleme wie Einschlafstörungen und mangelnde Konzentrationsfähigkeit hilft Meditieren nachweislich.

PASSIVES MEDITIEREN IN DER STILLE

Beim Meditieren unterscheidet man zwischen aktiven und passiven Meditationsarten. Passives Meditieren findet meist im Sitzen statt. Äußerlich geschieht nichts, im Innern jedoch sehr

SMART-INFO

Beim Meditieren kehren Sie in sich selbst und lassen alle Gedanken zur Ruhe kommen. Sie gelangen in einen tranceartigen Zustand, in dem Sie trotzdem alles bewusst wahrnehmen. Sie konzentrieren sich nur auf sich selbst. Stress hat dabei keine Chance – Entspannung, Ruhe und eine innere Balance sind die positiven Effekte, die Sie mit in Ihren Alltag nehmen werden.

viel. Das nennt man „Stille Meditation": in der Stille verharren, alle Gedanken an sich vorbeiziehen lassen und vollkommen bei sich selbst sein. Eine einfache Version dieser stillen Meditation können Sie gleich mit der ersten Übung dieses Kapitels ausprobieren. Sie benötigen dazu nichts außer sich selbst und 15 Minuten ungestörter Ruhe.

1. Suchen Sie sich einen ruhigen Ort, an dem Sie für 15 Minuten ungestört meditieren können und sich wohlfühlen.

2. Setzen Sie sich aufrecht hin. Fortgeschrittene meditieren meist mit oder ohne (Meditations-)Kissen auf dem Boden, im Lotus- oder Schneidersitz. Gerade, wenn man langes Sitzen auf dem Boden nicht gewohnt ist, kann das nach einiger Zeit unangenehm sein. Zudem erfordert insbesondere der Lotussitz einen gedehnten Körper und Gewöhnung. Sie können ihn ja mal ausprobieren: Setzen Sie sich auf den Boden und legen Sie einen Fuß auf den gegenüberliegenden Oberschenkel.

Nehmen Sie ruhig Ihre Hände zur Hilfe. Bringen Sie dann den zweiten Fuß auf den anderen Oberschenkel und sitzen Sie aufrecht. Wählen Sie alternativ den Stuhl, wenn Sie merken, dass Ihnen nach einiger Zeit die Füße einschlafen oder Schmerzen auftreten. Sie sollen sich schließlich vollständig auf sich selbst konzentrieren können und nicht von unangenehmen Empfindungen abgelenkt werden.

3. Wenn Sie eine angenehme Position für sich gefunden haben, in der Sie bequem und aufrecht 15 Minuten lang sitzen können, legen Sie die Hände geöffnet und mit den Handflächen nach oben auf Ihre Oberschenkel.

4. Schließen Sie Ihre Augen halb und richten Sie Ihren Blick nach unten, ohne etwas konkret zu fixieren. Alternativ können Sie die Augen auch ganz schließen. Hier können Sie so vorgehen, wie es für Sie am besten passt.

5. Atmen Sie ruhig und regelmäßig in Ihrem eigenen Atemrhythmus.

6. Beginnen Sie, Ihre Atemzüge zu zählen; von eins bis zehn. Bei der Zehn angelangt starten Sie wieder bei der Eins.

7. Konzentrieren Sie sich bei diesem Vorgang ganz auf Ihre Atmung. Beobachten Sie, wie die Luft gleichmäßig in Ihren Körper fließt. Wie sich der Brustkorb langsam hebt und wieder senkt. Und wie der Atem wieder aus Ihrem Körper hinausfließt.

8. Wenn Sie mit Ihren Gedanken abschweifen, lenken Sie Ihre Aufmerksamkeit zurück auf Ihren Atem.

9. Mit jedem Atemzug vertieft sich Ihre Entspannung und Ihr Atem wird immer ruhiger und gleichmäßiger.

10. Wenn Sie das Gefühl haben, in der Meditation angekommen zu sein, also nicht mehr gedanklich abschweifen und ganz bei sich selbst und Ihrem Atem sind, können Sie aufhören zu zählen. Merken Sie, wie Ihr Atem immer ruhiger und gleichmäßiger wird. Spüren Sie, wie sich mit jedem Atemzug innere Ruhe und Entspannung vertiefen.

Mit jedem Atemzug vertieft sich Ihre Entspannung ♥

11. Wenn Sie mögen, können Sie an dieser Stelle ein Mantra, also einen Spruch miteinfließen lassen, den Sie im Innern mehrmals wiederholen und der Ihnen ein gutes Gefühl gibt.

12. Bringen Sie diese kleine Meditation zu Ende, indem Sie langsam beginnen, sich zu strecken und zu bewegen. Öffnen Sie dabei die Augen und spüren Sie in dieser Position noch ein paar ruhige Minuten lang der Entspannung nach.

13. Bevor Sie aufstehen, machen Sie sich bewusst, was die Meditation bei Ihnen bewirkt hat. Wie fühlen Sie sich jetzt? Ist etwas anders als vorher?

Wenn Sie Probleme hatten, in die Meditation zu gelangen und Ihre Gedanken immer wieder abgeschweift sind, ist das kein Grund zur Sorge. Meditieren erfordert Übung. Beim nächsten oder übernächsten Mal klappt es mit Sicherheit besser. Es ist noch kein Meister – und auch keine Meisterin – vom Himmel gefallen!

DIE RICHTIGE BALANCE FINDEN ZWISCHEN BEWUSSTER TRANCE UND UNBEWUSSTEM SCHLAF

Die „schwammige" Grenze zwischen einem meditativen Entspannungszustand und einem leichten Schlaf wird am Anfang öfter mal unabsichtlich überschritten. Der kleine aber feine Unterschied liegt im Bewusstsein: Beim Schlafen ist es ausgeschaltet, in der Meditation sollte es jedoch aktiv bleiben. Sie bleiben aufmerksam gegenüber Vorgängen in Ihrem Körper, wie Atmung oder sich ausbreitender Wärme. Dieser Zustand der bewussten Trance kann trainiert werden. Je geübter Sie sind, desto leichter wird er Ihnen fallen.

AKTIVE MEDITATION: BEWEGUNG UND ENTSPANNUNG IN EINEM

Auch in der Bewegung lässt sich meditieren. Das zeigen die verschiedenen Techniken der aktiven Meditation. Sie haben einen Schreibtischjob, durch den Sie nicht ausreichend Be-

wegung in Ihren Alltag einbringen können? Dann ist aktive Meditation der richtige Weg für Sie, eine tiefe Entspannung zu erfahren und dabei die vom Sitzen verspannte Muskulatur etwas aufzulockern, die Energie wieder durch Ihren ganzen Körper fließen zu lassen. Nicht nur geistige, sondern auch körperliche Blockaden lösen sich. Auch für Anfänger, für die langes Sitzen und „Nichtstun" eine eher beklemmende Vorstellung ist, kann aktive Meditation ein guter Einstieg sein. Ihr Geist wird durch die Kombination von Bewegung und Meditation frei und die Entspannung fällt nach der Bewegung leichter. Wussten Sie, dass auch Yoga, Qigong, Tai Chi und sogar Tanz Formen der aktiven Meditation sind?

DIE GEHMEDITATION: GEHEN, ATMEN, LÄCHELN

Beginnen wir ganz einfach: mit der Gehmeditation. Sie vereint die Einkehr ins Innere und die natürlichste Form der Fortbewegung: das Gehen. Die Gehmeditation erfordert keine Vorkenntnisse oder Utensilien und lässt sich wunderbar in den Alltag integrieren. Dabei steht nicht das Ziel des Weges im Fokus, wie beim alltäglichen Gehen, sondern das Gehen selbst – konzentriert, bewusst und entspannt.

Suchen Sie sich einen Ort aus, an dem Sie Ihre Gehmeditation ausführen möchten. Vielleicht ein ruhiger Wald? Oder ein öffentlicher Park? Wichtig ist, dass Sie sich während der Meditation nicht von äußeren Begebenheiten ablenken lassen und innerlich bei sich selbst bleiben. Eine gute Dauer für die Gehmeditation sind 15 Minuten. Ob Sie den Zeitraum verkürzen oder ausdehnen, bleibt Ihnen selbst überlassen. Finden Sie das richtige Tempo für sich und dosieren Sie die Anstrengung so, wie es für Sie angenehm ist. Bei der Gehmeditation stehen die Harmonisierung von ruhigen Bewegungsabläufen, regelmäßiger Atmung und einer positiven Einstellung im Mittelpunkt. Im Klartext: gehen, atmen und lächeln. Konzentrieren Sie sich während der Gehmeditation mit Ihrer gesamten Aufmerksamkeit auf diese drei Aspekte und nehmen Sie sie bewusst

wahr. Versuchen Sie, sofern das möglich ist, barfuß zu laufen, um eine Verbundenheit mit der Natur zu fühlen und den körperlichen Ablauf der einzelnen Schritte genau zu spüren. Das Lächeln regt die Ausschüttung von Glückshormonen im Körper an und macht Sie fröhlich.

DIE DYNAMISCHE MEDITATION: BEWEGEN SIE SICH FREI!

Eine lebhaftere Form der aktiven Meditation ist die dynamische Meditation. Bei dieser Variante bringen Sie angestaute Gefühle und Emotionen ausdrucksstark nach außen, um sich so von ihnen zu befreien. Das schafft Platz im Innern für ein tieferes und bewussteres Erleben der wirklich wichtigen Dinge. Besonders effektiv ist diese Übung in einer Gruppe – man lässt sich von den Gefühlsausbrüchen der anderen Teilnehmer einfach anstecken und mitreißen. Aber auch alleine kann diese Meditation durchgeführt werden. Sie dürfen und sollen dabei richtig laut werden. Überwinden Sie alle Hemmungen und lassen Sie Ihren Gefühlen einmal richtig freien Lauf. Die gesamte Meditation kann wahlweise mit Musik und geschlossenen Augen durchgeführt werden. Diese Anleitung in sechs Schritten wird Sie dabei begleiten:

1. Chaotisches Atmen

* Atmen Sie mehrmals hintereinander in sehr schneller Abfolge durch die Nase ein und aus. Dabei soll kein regelmäßiger Rhythmus entstehen, atmen Sie einfach ganz schnell und durcheinander.
* Dadurch wird das Zwerchfell intensiv beansprucht, der Kopf wird klar und Blockaden sowie Hemmungen lösen sich bereits in der ersten Phase der Meditation.
* Machen Sie zwischendurch Pausen, in denen Sie in Ihrem normalen Tempo atmen und beginnen Sie dann von vorn.
* Führen Sie diese Übung etwa zehn Minuten lang durch.

Erden Sie Ihre Energie und Empfindungen
♥

2. Katharsis

- Katharsis ist das griechische Wort für Reinigung. Reinigen Sie sich also in diesem Schritt von allen Emotionen, die sich bei Ihnen im Laufe des Alltags angesammelt haben. Häufig sind das als allererstes Wut und Aggression. Um diesen Gefühlen Raum zu geben, besorgen Sie sich ein Kissen oder eine Matratze und „prügeln" Sie ungehemmt darauf ein. Dabei dürfen Sie auch laut schreien oder weinen. Oder Sie verleihen Ihren Emotionen durch wilde Bewegungen Ausdruck. Spüren Sie schon ein Gefühl der Befreiung?
- Diese Phase der dynamischen Meditation dauert zehn Minuten.

3. Ho-Hüpfen

- In den nächsten zehn Minuten springen Sie und reißen die Arme dabei in die Luft. Bei jeder Landung rufen Sie laut „Ho" aus.
- Es ist nicht wichtig, die kompletten zehn Minuten „durchzuhüpfen". Sie können zwischendurch auch in ein leichtes Schwingen wechseln, wenn Sie erschöpft sind.

* Erden Sie Ihre Energie und Empfindungen. Landen Sie immer wieder bewusst und drücken Sie Ihr ganzes Körpergewicht dabei in den Boden.

4. Stille

* Mitten im ausgelassenen Hüpfen erstarren Sie plötzlich in Ihrer Bewegung – wie beim Stopptanz. Spüren Sie die Energie durch Ihren Körper strömen. Beobachten Sie in der Stille alle Regungen Ihres ganzen Körpers sehr genau.
* Dieser Schritt sollte auch in etwa zehn Minuten dauern. So werden Sie wieder ganz ruhig und Ihr Herzschlag verlangsamt sich.

5. Tanz

* Aus dieser Phase der absoluten Stille kommen Sie nun ganz langsam mit sanften Bewegungen hinaus. Fühlen Sie sich wieder ganz frei in Ihren Bewegungen und tanzen Sie erneut zehn Minuten lang wie Sie es in dem Moment möchten.

6. Ruhe

✽ Die letzte Phase der dynamischen Meditation kommt der klassischen Meditation wohl am nächsten. Legen oder setzen Sie sich hin, decken Sie sich gemütlich zu, wenn Sie mögen. Ziehen Sie diese Ruhephase so lange wie Sie wollen. Kommen Sie ganz bei sich an und fühlen Sie den Bewegungen der letzten Stunde nach.

✽ Machen Sie sich bewusst, welche Gefühle bei Ihnen frei geworden sind und wie viel Platz Sie jetzt in Ihrem Innern für neue positive Empfindungen haben.

✽ Lassen Sie dieses Gefühl der Befreiung und tiefen Entspannung gleich als erste neue Empfindung bei sich einziehen.

MEDITATION ALS LEBENSEINSTELLUNG

Finden Sie selbst raus, was Meditation in Ihrem Leben bewirken kann. Die Übungen, die Sie in diesem Kapitel entdeckt haben, vermitteln Ihnen einen ersten Eindruck der Meditation. Meditation ist aber noch viel mehr. Sie kann überall und in jedem Tun sein, solange man diese Tätigkeit bewusst ausführt und nur auf sie achtet. Probieren Sie es aus! Meditieren Sie beim Abwasch, beim Hausputz, beim Joggen oder bei der Gartenarbeit. Widmen Sie sich voll und ganz Ihrer Aufgabe und lassen Sie alle anderen Gedanken einfach an sich vorbeiziehen wie Wolken am Himmel.

BEWUSST LEBEN IM AUGENBLICK

„Unsere Verabredung mit dem Leben findet im gegenwärtigen Augenblick statt. Und der Treffpunkt ist genau da, wo wir uns gerade befinden" – wie Buddha sagte. Leben Sie jeden Moment Ihres Lebens bewusst und seien Sie ganz da. Genießen Sie jeden Atemzug und führen Sie jede Tat mit Ihrer gesammelten Aufmerksamkeit aus. Lassen Sie Entspannung in Ihren Alltag einziehen – das ist Meditation.

> **WICHTIG!**
> Leiden Sie an Erkrankungen oder Einschränkungen Ihres Bewegungsapparates, klären Sie bitte Ihre Meditationsposition und die Bewegungen, die Sie in aktiven Meditationen machen, mit Ihrem Arzt ab. Treten während Übungen oder nach langem Verweilen in bestimmten Positionen Schmerzen auf, wechseln Sie die Körperhaltung und ziehen Sie im Ernstfall einen Arzt oder einen Meditationsleiter zurate.

Atemübungen

Verdauung, Blutdruck, Schweißbildung und Pulsfrequenz sind alles unbewusste Vorgänge unseres Körpers, die vom vegetativen Nervensystem gesteuert werden und quasi „automatisch" vonstattengehen. Auch die Atmung gehört zu den vom vegetativen Nervensystem gesteuerten Körperfunktionen. Allerdings können wir die Atmung beeinflussen. Stabilisieren Sie mit gezielten Atemübungen nicht nur Ihr vegetatives Nervensystem sowie die damit verbundenen Körperfunktionen, sondern auch Ihren seelischen Zustand. Entdecken Sie das Potenzial Ihrer Atmung und wie leicht Entspannung durch Sie zu erreichen ist.

VERSCHNAUFPAUSEN IM ALLTAG

In unserem hektischen Alltag finden wir kaum noch die Zeit zum sprichwörtlichen „Verschnaufen". Diese Wendung ist

> **SMART-INFO**
> Die eigene Atmung bewusst wahrnehmen oder beeinflussen ist Bestandteil vieler Entspannungstechniken: von Yoga über Qigong bis zu Autogenem Training. Auch unabhängig von jeglichen Methoden hilft eine ruhige und tiefe Atmung, entspannter zu sein, Stress zu mindern und die Konzentrationsfähigkeit zu verbessern. Wie? Das lernen Sie mit unseren Atemübungen.

aber auch wörtlich zu nehmen: Stress lässt uns schneller und flacher atmen, als gut für uns ist. Statt tief in den Bauch zu atmen, wird in der Regel in den Brustkorb geatmet. Wir nutzen also nicht die komplette Kapazität unserer Lunge aus – das führt zu einer geringeren Sauerstoffaufnahme. Dabei ist Sauerstoff so wichtig für all unsere Körperfunktionen, für die Konzentrationsfähigkeit und vor allem auch für eine innere Ausgeglichenheit.

DIE EIGENE ATMUNG VOLL UND GANZ GENIESSEN

Lernen Sie mit den Atemübungen dieses Kapitels, Ihre Atmung wieder voll auszukosten und zu genießen. Erfahren Sie, wie Sie durch tiefe und kontrollierte Atmung zu einer körperlichen und seelischen Entspannung gelangen. Die Übungen sind äußerst unkompliziert und erfordern nicht viel Zeit oder Aufwand. Wenden Sie sie einfach Zuhause, als kleinen „Muntermacher" im Büro oder in stressigen Situationen an und spüren Sie die Veränderung.

Atmen Sie durch die Nase ein und durch den Mund aus

PROBLEME EINFACH WEGATMEN

Bevor es mit den Atemübungen richtig losgeht, noch ein paar Worte zur Technik. Atmen Sie immer, wenn in der Übung nicht anders angegeben, in den Bauch. Dadurch atmen Sie so tief wie möglich und beanspruchen das Zwerchfell gleich mit. Begeben Sie sich vor jeder Übung stets in eine aufrechte und lockere Haltung – je nach Übung sitzend, liegend oder stehend. Im Stand bedeutet das: Füße schulterbreit auf dem Boden platzieren und das Körpergewicht gleichmäßig verteilen, Knie leicht beugen, Arme locker an der Seite hängen lassen und den Rücken gerade halten.

Atmen Sie ruhig und gleichmäßig durch die Nase ein und durch den Mund wieder aus. Das ist wichtig, weil die eingeatmete Luft in der Nase erwärmt, angefeuchtet und gereinigt wird, bevor Sie in die Lunge gelangt. Die Ausatmung durch den Mund hat den Vorteil, dass der austretende Luftstrom besser kontrolliert und „portioniert" werden kann. Zu guter Letzt sollten Sie natürlich während jeder Übung für frische, sauerstoffreiche

Luft sorgen – öffnen Sie eventuell ein Fenster. Nehmen Sie sich Zeit, um abzuschalten und die alltäglichen Probleme hinter sich zu lassen. Begeben Sie sich in eine ruhige Umgebung, tragen Sie bequeme Kleidung und üben Sie am besten nicht mit vollem Magen.

DAS VOLLE POTENZIAL DER ATMUNG ENTDECKEN

Beginnen wir ganz simpel: mit der Vollatmung. Nutzen Sie die Kapazität Ihrer Lunge voll aus. Dabei gehen Sie so vor:

- ❋ Nehmen Sie eine bequeme und aufrechte Grundposition ein.
- ❋ Legen Sie eine Hand auf den Bauch und die andere Hand auf Ihren Brustkorb. So können Sie überprüfen, ob Sie in die richtige Stelle atmen.
- ❋ Atmen Sie nun ruhig und gleichmäßig durch die Nase ein. Schicken Sie Ihre Atmung in den Bauch. Dieser sollte sich unter Ihrer Hand wölben.
- ❋ Immer noch im gleichen Atemzug, atmen Sie als nächstes in den Brustkorb und dann in die seitlichen Rippenbögen.

- Haben Sie Ihre ganze Lunge mit Luft gefüllt? Dann atmen Sie jetzt langsam durch den Mund wieder aus.
- Wiederholen Sie die Übung einige Male, bis Sie ein Gespür dafür entwickeln, wie Sie wohin atmen.

HÖRBARES AUSATMEN UND WIRKUNGSVOLLE KÖRPERHALTUNGEN

Die folgende Übung trainiert eine bestimmte Technik des Ausatmens, die Sie bei jeder Ausatmung durch den Mund anwenden können, um kräftiger und mit mehr Kontrolle auszuatmen.

1. Im normalen Stand
- Begeben Sie sich in eine gerade und lockere Position.
- Atmen Sie ruhig durch die Nase ein.
- Danach atmen Sie langsam und hörbar durch den Mund aus. Versuchen Sie es mit einem dieser Laute: „sss", „sch", „pff", „ch".
- Führen Sie die Übung mehrmals hintereinander so durch.

2. Im Kutschersitz

Nun können Sie Ihre Position variieren. Probieren Sie als erstes den sogenannten „Kutschersitz":

❋ Setzen Sie sich dazu auf einen Stuhl und stellen Sie die Füße in mindestens hüftbreiter Entfernung fest auf dem Boden ab.

❋ Beugen Sie Ihren Oberkörper vor und stützen Sie sich mit den Ellenbogen auf Ihren Oberschenkeln ab, die Hände hängen locker herab.

❋ Ihr Kopf schaut Richtung Boden und bildet die Verlängerung der Wirbelsäule.

❋ Durch das Stützen auf die Ellenbogen entlasten Sie Ihre Schultern, der Brustkorb hat mehr Spielraum und wird frei.

❋ Führen Sie in dieser Stellung die Atemübung erneut durch und merken Sie, wie viel tiefer Ihr Atem durch die entspannte und freie Positionierung des Brustkorbes fließen kann.

❋ Achten Sie auch weiterhin darauf, dass Sie dabei ruhig durch die Nase einatmen und langsam und hörbar durch den Mund aus.

3. In der Torwartstellung

Als Nächstes entdecken Sie, wie die „Torwartstellung" Ihre Atmung verändert, indem Sie sich wie folgt aufstellen:

❋ Füße schulterbreit platzieren und die Knie leicht beugen.
❋ Lehnen Sie den Oberkörper soweit vor, bis Sie sich bequem mit den Händen auf den Knien abstützen können und so wieder Rücken und Schultern entlasten.
❋ Halten Sie den Kopf so, dass es am Übergang vom Rücken zum Nacken keinen Knick gibt. Schauen Sie zu Boden.
❋ Wiederholen Sie die Atemübung und spüren Sie, wo die Luft sich überall in Ihrem Körper Platz verschafft.

DEN ATEM ZÄHLEN UND VERLÄNGERN

Mit der folgenden Übung können Sie jetzt Ihre Atmung vertiefen und verlängern; ein gleichmäßiger Atemrhythmus soll verwirklicht werden. Ziel ist es, dass Sie ein Atemvolumen erreichen, bei dem jeder Atemzug insgesamt 15-20 Sekunden dauert. Steigern Sie sich dazu Schritt für Schritt. Versuchen Sie das Folgende:

- ❋ Nehmen Sie eine aufrechte Haltung im Sitzen ein. Schauen Sie, dass Ihr Rücken gerade ist und Sie nichts unnötig anspannen.
- ❋ Strecken Sie den Rücken lang, so als würden Sie mit einem Faden am Hinterkopf hochgezogen; der Nacken wird ganz lang.
- ❋ Entspannen Sie Ihren Schultergürtel.
- ❋ Suchen Sie sich einen Punkt auf dem Boden vor Ihnen, den Sie die ganze Übung lang fixieren. Das hilft, den Nacken in dieser verlängerten Position zu behalten.
- ❋ Legen Sie Ihre Hände mit nach oben gerichteten Handflächen auf Ihre Oberschenkel.
- ❋ Atmen Sie nun tief durch die Nase in den Bauch ein und mit dem Mund langsam und kräftig wieder aus. Fällt es Ihnen noch schwer, gezielt in den unteren Bauch zu atmen? Dann legen Sie wieder eine Hand auf den Bauch und die andere auf Ihren Brustkorb – bei der Einatmung hebt sich nur der Bauch an, der Brustkorb bewegt sich so wenig wie möglich.
- ❋ Beginnen Sie, bei jedem Atemzug langsam hochzuzählen. Versuchen Sie es erst einmal mit vier Sekunden Einatmung und vier Sekunden Ausatmung.

Optimieren Sie Ihre Atmung, um Anspannungen loszuwerden
♥

❀ Steigern Sie ab jetzt immer wieder die Länge Ihrer Atemzüge: von vier auf fünf Sekunden, dann über sechs auf sieben Sekunden und immer so weiter, bis Sie bei Ihrem ganz persönlichen Maximum – vielleicht acht, vielleicht sogar zehn Sekunden – angelangt sind. Lassen Sie sich für diese Steigerung am besten mehrere Tage Zeit. Versuchen Sie, Anstrengungen und Stress dabei zu vermeiden – unser Ziel heißt schließlich: Entspannung.
❀ Halten Sie diesen Atemrhythmus nun für fünf Minuten bei.

Diese langsame und tiefe Atmung können Sie jederzeit in Ihren Alltag integrieren, um die Qualität Ihrer Atmung zu optimieren und Anspannungen loszuwerden. Die gezeigte Übung führt zu einem gesenkten Blutdruck, einem klaren Kopf und zu einer tiefen Entspannung.

Wenn Sie an diese Übung anknüpfen möchten, versuchen Sie als Nächstes, die Ausatmung länger zu ziehen, als die Einatmung. Atmen Sie dazu etwa doppelt so lange aus wie ein. Probieren Sie auch hier, sich langsam zu steigern.

LUNGE AUFPUMPEN

Mit der nächsten Übung, die wir Ihnen zeigen, schöpfen Sie wieder aus dem ganzen Potenzial Ihrer Lunge: Füllen Sie ihr ganzes Volumen aus! Dabei wird das Prinzip der abwechselnden Ein- und Ausatmung neugedacht. Sehen Sie selbst:

- In dieser Übung „pumpen" Sie Ihre Lunge in mehreren Phasen auf, bis sie vollständig mit Luft gefüllt ist. Erst dann lassen Sie die Luft wieder frei.
- Dazu atmen Sie zwei Sekunden lang durch die Nase ein und machen dann eine ebenfalls zwei Sekunden lange Pause, in der Sie die Luft anhalten. Dann geht es wieder weiter mit zwei Sekunden Einatmung und einer erneuten kurzen Pause. So fahren Sie fort, bis wirklich nichts mehr in Ihre Lunge reinpasst.
- Ganz langsam atmen Sie nun auf einen „sss"-, „sch"-, „pff"-, oder „ch"-Laut durch den Mund aus, bis die Lunge wieder komplett geleert ist – und dann pressen Sie noch einmal das letzte bisschen Luft mit einem lauten „Ha" aus ihr heraus.

- Atmen Sie ein paar Minuten lang in Ihrem normalen Atemrhythmus weiter und wiederholen Sie die Übung, wenn Sie möchten.

BERUHIGENDE WECHSELATMUNG

Die letzte Atemübung des Kapitels kann Ihnen dabei helfen, den Kopf frei zu kriegen und zu einer inneren Ausgeglichenheit zu gelangen:

- Setzen Sie sich entspannt in den Schneidersitz oder legen Sie sich gerade und gemütlich hin.
- Führen Sie die rechte Hand zum Gesicht und drücken Sie mit dem Daumen Ihr rechtes Nasenloch zu. Der linke Arm ruht auf ihrem Knie oder liegt bequem neben Ihrem Körper.
- Atmen Sie in Ihr freies linkes Nasenloch langsam und tief ein.
- Dann wechseln Sie die Fingerposition: Halten Sie jetzt mit dem kleinen Finger Ihr linkes Nasenloch zu; durch das rechte Nasenloch atmen Sie aus.

* Beginnen Sie von vorne, indem Sie jetzt in das rechte Nasenloch einatmen und durch das linke wieder aus.
* Fahren Sie so zehn bis zwanzig Minuten lang fort.

ENTSPANNUNG TO GO

Nutzen Sie die vorgestellten Übungen in jeder Situation, in der es Ihnen nach mehr Entspannung, besserer Konzentration, nach Ausgeglichenheit oder einem klaren Kopf verlangt. Das tiefe und bewusste Atmen ist eine Art „Blitzentspannungsmethode", die überall angewendet werden kann. Es braucht nicht viel Übung und zeigt meist sofort Wirkung. Probieren Sie es vor Ihrem nächsten wichtigen Termin, der anstehenden Prüfung oder einfach in einer freien Minute aus. Sowohl zum morgendlichen Wachwerden als auch zum abendlichen „Kopffreikriegen" sind Atemübungen geeignet. Die unkomplizierte und facettenreiche Anwendung macht sie zu einer Entspannungsmethode für Jedermann – jederzeit und überall. Entspannung to go sozusagen.

> **WICHTIG!**
> Bauen Sie während jeder Übung selbstständig Pausen ein, in denen Sie in Ihrem normalen Atemrhythmus weiteratmen, um Schwindel und Kreislaufproblemen aus dem Weg zu gehen. Wenn Sie generell unter Kreislaufschwierigkeiten leiden, seien Sie besonders vorsichtig mit den Übungen und machen Sie viele Pausen. Vermeiden Sie dann mehrere tiefe Atemzüge hintereinander. Wenn Sie Asthmatiker/in sind, sprechen Sie die Übungen bitte mit Ihrem Arzt oder Ihrer Ärztin ab.

> **SMART-INFO**
> Yoga ist eine Jahrtausende alte Philosophie, die ihren Ursprung in Indien hat. Mit ihr sollen Körper, Seele und Geist in Einklang gebracht werden. Mit modernem Yoga gelingt Ihnen das mittels Yogastellungen (Asanas), Atemübungen (Pranayamas) sowie Phasen der Tiefenentspannung und der Meditation. Erleben Sie ganzheitliche Entspannung von Körper und Geist, die über die Übungszeit hinaus positive Auswirkungen zeigt.

Yoga

DAS JOCH, DAS ALLES VERBINDET

Wörtlich aus dem Sanskrit übersetzt bedeutet das Wort „Yoga" soviel wie „anschirren", „vereinen", „verbinden". So gibt es in der traditionellen Yogalehre, die ihre Wurzeln im Hinduismus und teilweise auch im Buddhismus hat, folgendes Bild: Der Körper stellt einen Wagen dar. Kutscher dieses Wagens ist der Verstand und gezogen wird er von fünf Pferden, den fünf Sinnesorganen. Der Fahrgast, der im Wagen sitzt, ist die Seele. Yoga bildet schließlich das Geschirr, das alles zusammenhält. Eine schöne Metapher. Sie bringt die Essenz von Yoga zum Ausdruck: Körper, Seele und Geist finden in Harmonie zusammen. Im traditionellen Yoga läuft das hinaus auf das große Ziel, zur Erleuchtung und Selbsterkenntnis zu gelangen. Dabei spielen neben den körperlichen Übungen auch die Meditation und die innere Haltung eine wichtige Rolle: mit Entspannung und Achtsamkeit zur seelischen Balance.

DAS MODERNE YOGA: VIELE MÖGLICHKEITEN, WENIGE REGELN

Beim traditionellen Yoga liegt der Fokus auf dem Ziel der Erleuchtung durch Gottesglaube, Gurus und Doktrinen. In der heutigen westlichen Welt ist Yoga dagegen weitgehend frei von religiösen und ideologischen Ansprüchen. Körperliche und meditative Aspekte des Yoga stehen im Mittelpunkt – sprich: Fitness und Entspannung.

Es gibt heute unglaublich viele verschiedene Yoga-Arten und es entstehen immer wieder neue. Vom klassischen Hatha-Yoga, der körperorientierten und wohl meistverbreiteten Übungspraxis, über Mischformen wie Yogilates bis hin zu neuen Kreationen wie Poweryoga oder Aerial Yoga, welches in einem von der Decke herabhängenden Tuch praktiziert wird.

Lassen Sie Stress und Alltagsprobleme hinter sich

KREISLAUF DER ENTSPANNUNG

Mit Entspannung beginnt und endet jede Yogasession. Bevor Sie also mit den Körperübungen, den Asanas, beginnen, kommen Sie mit unserer Entspannungsübung ganz bei sich an und lassen Sie Stress und Alltagsprobleme hinter sich:

- ❊ Suchen Sie sich einen ruhigen Ort und platzieren Sie Ihre Yogamatte auf dem Boden.
- ❊ Legen Sie sich gerade und in bequemer Position auf den Rücken. Die Arme liegen neben Ihrem Körper, die Handflächen sind nach oben gerichtet. Ihre Beine liegen mit einem leichten Abstand voneinander auf dem Boden. Lassen Sie die Füße locker nach außen fallen. Ziehen Sie die Schultern weg von den Ohren und halten Sie den Nacken lang. Schließen Sie Ihre Augen.
- ❊ In dieser Position können Sie nun beispielsweise die Methode der progressiven Muskelentspannung (detailliert beschrieben ab Seite 108) anwenden, um zu einer körperlichen und geistigen Entspannung zu gelangen. Dazu bewegen und spannen Sie jeden einzelnen Bereich Ihres

Körpers für kurze Zeit bewusst an, um ihn dann wieder zu entspannen. Atmen Sie dabei ruhig und gleichmäßig.

✤ Spüren Sie danach noch einmal in jede Körperregion hinein und erfahren Sie die Entspannung, versuchen Sie diese sogar zu vertiefen. Konzentrieren Sie sich auf jeden Bereich Ihres Körpers und widmen Sie jedem einzelnen jeweils ein paar Minuten.

✤ Ihr ganzer Körper erfährt nun tiefe Entspannung. Nutzen Sie diesen Zustand für eine Visualisierung wohltuender Bilder vor Ihrem inneren Auge. Träumen Sie sich zum Beispiel an einen schönen Ort, an einen Strand oder einen See, einen Wald oder auf einen Berg mit faszinierender Aussicht.

✤ Verbleiben Sie die nächsten Minuten in einer Stille, in der Sie nur daliegen, gleichmäßig weiteratmen und die Entspannung genießen.

✤ Um nun langsam wieder in den Wachzustand zu gelangen, bewegen Sie jedes Körperteil. Strecken und räkeln Sie sich, als würden Sie nach einem langen und erholsamen Schlaf aufstehen. Öffnen Sie die Augen und kommen Sie langsam im Hier und Jetzt an.

PRANAYAMA: DIE ESSENZ DER ATMUNG

Bevor es zu den Asanas geht, werden klassischerweise die Pranayamas, die Atemübungen, durchgeführt. Finden Sie eine bequeme und aufrechte Position im Sitzen, in der Ihr Atem gut fließen kann und atmen Sie sich frei. Zum Beispiel mit der Schnellatmung, auch Kapalabhati genannt, und der Wechselatmung (Anuloma Viloma):

❀ Kapalabhati führen Sie aus, indem Sie in kurzen, tiefen und kräftigen Atemstößen durch die Nase für eine Minute ganz schnell hintereinander aus- und einatmen. Danach atmen Sie für ein paar Atemzüge ganz langsam und tief in den Bauch. Halten Sie dann so lange, wie es für Sie angenehm ist, die Luft an. Nach ein paar normalen Atemzügen beginnen Sie von vorne.

❀ Beginnen Sie nach einigen tiefen und langsamen Atemzügen in den Bauch mit der Wechselatmung: Führen Sie Ihre rechte Hand zum Gesicht und halten Sie mit ein bis zwei Fingern Ihr rechtes Nasenloch zu. Atmen Sie durch das linke Nasenloch für vier Sekunden ein. Verschließen Sie nun beide Nasenlöcher und halten Sie die Luft weitere vier Sekunden an. Atmen Sie dann durch das rechte Nasenloch acht Sekunden lang aus. Danach atmen Sie durch das rechte Nasenloch wieder vier Sekunden ein, halten die Luft an und atmen durch das linke Nasenloch erneut acht Sekunden lang aus. Beginnen Sie wieder von vorne. Steigern Sie sich langsam in der Länge Ihrer Atemzüge.

DER SONNE GUTEN MORGEN SAGEN

Eine typische Yogaübung ist der Sonnengruß. Er besteht aus einer Abfolge verschiedener Yogapositionen und kann beliebig variiert werden. Wir zeigen Ihnen hier die klassische Abfolge, die sowohl für Anfänger als auch für Fortgeschrittene geeignet und in vielen Yogastilen Bestandteil jeder Yogastunde ist. Lassen Sie die Energie durch Ihren ganzen Körper fließen und genießen Sie den anregenden Wechseln von Spannung und Dehnung. Atmen Sie in jeder Position ruhig und gleichmäßig in den Bauch. Achten Sie außerdem darauf, dass Sie immer eine

Lassen Sie die Energie durch Ihren ganzen Körper fließen ♥

gewisse Grundspannung beibehalten: Ziehen Sie den Bauchnabel nach innen Richtung Wirbelsäule und aktivieren Sie den Beckenboden. So stützen Sie während der ganzen Übung Ihren Rücken und vermeiden falsche Positionen wie das Hohlkreuz.

1. Die Berghaltung: Tadasana

- Stellen Sie sich aufrecht hin.
- Halten Sie den Rücken ganz gerade, als würden Sie von einem unsichtbaren Faden am Hinterkopf nach oben gezogen. Auch der Nacken wird ganz lang.
- Lassen Sie die Schultern entspannt herabhängen, die Arme befinden sich neben Ihrem Körper und die Handflächen zeigen zum Körper oder nach vorne, berühren den Körper aber nicht.
- Verteilen Sie Ihr Körpergewicht gleichmäßig auf beide Füße, die eng beieinander auf dem Boden stehen.
- Stellen Sie sich vor, dass Ihre Fersen tief in den Boden versunken sind. Stehen Sie standhaft und „felsenfest". Spüren Sie Ihre Kraft durch den ganzen Körper fließen. Niemand kann Sie aus dieser Position bringen, nichts kann Sie in dieser Stellung erschüttern.

2. Berg mit Händen nach oben: Urdhva Hastasana

✤ Bringen Sie die Arme über die Seite nach oben und führen Sie die Hände über Ihrem Kopf zusammen. Folgen Sie mit Ihrem Blick den zusammenfindenden Handflächen nach oben. Halten Sie die Schultern dabei immer entspannt.

✤ Bei dieser Bewegung atmen Sie langsam und tief durch die Nase ein.

3. Stehende Vorwärtsbeuge: Uttanasana

✤ Beim Ausatmen beugen Sie den Oberkörper nach vorne und streben mit Ihrer Nase in Richtung der Knie. Die Beine bleiben dabei gestreckt und mit Ihren Händen versuchen Sie, so weit wie es geht zum Boden zu reichen.

✤ Lassen Sie alle Anspannung in Ihrem Körper los, um möglichst tief in die Dehnung zu gleiten.

✤ Falls Sie bei gestreckten Beinen mit den Händen nicht auf den Boden gelangen, gehen Sie zunächst so weit runter, wie Ihre Beinrückseiten es bei gestreckten Knien zulassen und geben Sie erst nach einer kurzen Phase der Dehnung in den Knien so weit nach, bis Sie mit den Fingerkuppen den Boden berühren.

4. Ausfallschritt nach hinten

❋ Machen Sie beim Ausatmen mit dem rechten Fuß einen großen Schritt nach hinten, der linke Fuß bleibt zwischen den beiden Händen auf dem Boden stehen.

❋ Das rechte Bein strecken Sie weit nach hinten aus und setzen es auf dem Ballen des Fußes ab; die Ferse bleibt in der Luft.

❋ Das vordere, linke Bein sollte nun in der Kniekehle einen 90 Grad Winkel ergeben.

❋ Richten Sie Ihren Blick nach vorne und ziehen Sie die Schultern nach unten. Gehen Sie auch in dieser Position so tief in die Dehnung hinein, wie es Ihnen gut tut. Dazu drücken Sie in dieser Beinstellung das Becken Richtung Boden, sodass es vor allem an der Vorderseite des rechten Oberschenkels zieht.

5. Der herabschauende Hund: Adho Mukha Svanasana

❋ Mit der nächsten tiefen Einatmung setzen Sie den linken Fuß ebenfalls nach hinten neben den rechten.

- ❋ Dadurch gelangen Sie in den herabschauenden Hund: Sie bilden mit Ihrem Körper ein „A", strecken das Gesäß in die Luft; Oberkörper, Kopf und Arme bilden eine lange und gerade Linie.
- ❋ Sie ziehen Ihren Rücken mit der Dehnbewegung des Gesäßes nach hinten-oben schön lang, die Ohren sind auf der gleichen Höhe wie die Oberarme.
- ❋ Strecken Sie Ihre Beine und bringen Sie die Fersen so weit es geht Richtung Boden.
- ❋ Ihre Hände drücken Sie fest in die Yogamatte und spreizen die Finger für einen besseren Halt.
- ❋ So dehnen Sie Rücken und Beinrückseiten.

6. Die Brettstellung: Phalakasana

- ❋ Vom herabschauenden Hund gelangen Sie in die Brettstellung, indem Sie das Gesäß wieder runter und die Schultern über die Handgelenke bringen.
- ❋ Positionieren Sie Ihren Körper so, als würden Sie als nächstes eine Liegestütze machen wollen.
- ❋ Bei dieser Bewegung atmen Sie wieder tief ein.

❋ Wichtig ist in dieser Position, dass Sie den Bauchnabel ganz fest Richtung Wirbelsäule ziehen und so Spannung in Ihre Mitte bringen, um nicht in ein Hohlkreuz zu sinken.

7. Absenken in die Bretthaltung: Chaturanga Dandasana

❋ Mit der Ausatmung beugen Sie Ihre Arme und bringen Ihren Körper immer noch als steifes Brett etwas weiter Richtung Fußboden.
❋ Die Ellenbogen sind eng am Körper und bilden einen 90 Grad Winkel.
❋ Da diese Position vor allem für die Rumpfmuskulatur sehr anspruchsvoll ist, hier eine light-Variante: Setzen Sie die Knie ab und bilden Sie nur mit dem Oberkörper und dem Kopf ein gerades Brett.

8. Die kleine Kobra: Bhujangasana

❋ Atmen Sie tief ein.
❋ Dabei legen Sie vorsichtig Hüfte, Beine und Füße auf dem Boden ab.

❋ Direkt im Anschluss heben Sie Ihren Oberkörper und Kopf an – Sie stützen sich dazu mit den Händen auf dem Boden ab.
❋ Achten Sie darauf, dass Ihre Schultern unten und nicht zu den Ohren hochgezogen sind.
❋ Auch hier ist die Grundspannung im Bauch wichtig, damit Ihr Rücken kein Hohlkreuz bildet.

9. Der herabschauende Hund: Adho Mukha Svanasana

❋ Schieben Sie sich nun mit der nächsten Ausatmung zurück in den herabschauenden Hund und ziehen Sie Ihren Rücken ganz lang. Vielleicht bringen Sie Ihre Fersen jetzt schon ein Stück näher an den Boden heran?

10. Ausfallschritt nach vorne

❋ Atmen Sie tief durch die Nase ein und setzen Sie Ihren rechten Fuß mit einem großen Ausfallschritt nach vorne zwischen Ihre beiden Hände.
❋ Spüren Sie noch einmal in diese Dehnung hinein.

11. Stehende Vorbeuge
✣ Atmen Sie aus und bringen Sie den linken Fuß neben den rechten.
✣ Strecken Sie Ihre Knie und ziehen Sie erneut Ihren Oberköper an die Beine heran.

12. Berg mit Händen nach oben
✣ Strecken Sie sich bei der Einatmung lang nach oben.
✣ Seien Sie wieder ganz gerade und schauen Sie Ihre zusammengeführten Handflächen über Ihrem Kopf an.

13. Die Berghaltung: Tadasana
✣ Finden Sie sich mit der letzten Ausatmung am Ende des Zyklus' in der geraden und aufrechten Berghaltung wieder.

Beginnen Sie den Sonnengruß von vorne und machen Sie nun die Ausfallschritte jeweils mit dem anderen Fuß. Achten Sie auch weiterhin auf eine ruhige und gleichmäßige Atmung.

HIER SCHLIESST SICH DER KREIS MIT MEDITATION UND TIEFENENTSPANNUNG

Bringen Sie Ihre Yogasession zu einem runden und wohltuenden Abschluss. Führen Sie dazu am Ende eine erneute Meditation durch, die Sie in einen Zustand der Tiefenentspannung überführt. Dazu können Sie vorgehen wie bei der Anfangsentspannung oder Sie ziehen eins der drei Kapitel „Progressive Muskelentspannung", „Autogenes Training" und „Meditation" heran.

Spüren Sie in der Entspannung in Ihren ganzen Körper hinein. Fühlen Sie einen Unterschied in den Muskeln im Vergleich zur Anfangsentspannung? Fühlen sie sich wärmer und schwerer an als zu Beginn? Genießen Sie dieses wohltuende Gefühl der warmen Schwere und lassen Sie sich ganz in die Entspannung fallen. Stellen Sie sich, wenn Sie möchten, noch einmal das Bild der harmonischen Einheit von Körper, Geist und Seele in Form der Wagenmetapher vor.

YOGA: EIN ALLESKÖNNER

Durch die Aktivierung des parasympathischen Nervensystems wird der Blutdruck gesenkt, der Atem verlangsamt, die Verdauung angeregt und das Immunsystem gestärkt. Auch die Regeneration des Körpers und seine Selbstheilungsprozesse erfahren ein „Update". Die Sauerstoffversorgung wird hochgefahren, die Durchblutung gesteigert, der Hormonhaushalt befindet sich im Gleichgewicht. Yoga stärkt zudem die Muskulatur des Körpers und hat eine gesteigerte Flexibilität zur Folge, sowie eine verbesserte Balance und eine viel gesündere Körperhaltung im Alltag.

Auch im Bereich der Entspannung sorgt Yoga für viele nennenswerte Verbesserungen: Neben einer generellen Beruhigung des Geistes und einer inneren Ausgeglichenheit sowie Gelassenheit, verbessert sich der Schlaf – er wird tiefer und erholsamer. Sie steigern außerdem Ihre mentalen Fähigkeiten: Konzentration und Gedächtnis. Spüren Sie selbst, wie sich die Übungen auf Ihre Lebensqualität auswirken und entspannen Sie mit Yoga!

> **WICHTIG!**
> Treten körperliche Beschwerden im Laufe der Übungen auf, suchen Sie bitte einen professionellen Yogalehrer und im Ernstfall einen Arzt auf. Wenn Sie unter erhöhtem Blutdruck leiden, vermeiden Sie Übungen, bei denen der Kopf tiefer als der Körper ist. Schwangere gehen mit besonderer Vorsicht an die Übungen heran, die den Unterleib stark beanspruchen.

Pilates

> **SMART-INFO**
> Pilates ist ein ganzheitliches Körpertraining mit Einflüssen aus Yoga, asiatischem Kampfsport und Gymnastik. Mit effektiven Übungen trainiert es den Körper und insbesondere kleine, tiefer liegende Haltemuskeln. Gezielte Aktivierung, Entspannung und Dehnung einzelner Muskelpartien gehen mit einer bewussten Atmung einher und sorgen so für gesteigerte Beweglichkeit sowie Entspannung für den Geist.

Joseph Hubert Pilates hieß der Erfinder, der seinem Ganzkörpertraining auch gleich seinen Namen gab. Er wurde 1883 in Mönchengladbach geboren und entwickelte das Training während seiner Zeit in England – zunächst für sich selbst sowie ebenfalls internierte Soldaten. In seinem ersten Studio in New York behandelte Joseph Pilates in den 1920er bis 1960er Jahren dann hauptsächlich Tänzer und Sportler, mit deren Berufen häufig Gelenk- und Bandscheibenprobleme einhergingen. Heute ist die Pilates-Methode weltweit verbreitet und findet immer mehr Liebhaber: ob jung oder alt, Anfänger oder erfahrener Sportler, Mann oder Frau – für alle ist das Pilates-Training geeignet.

MATTE MACHT FIT!

Sie trainieren Pilates auf einer Matte. Für bestimmte Übungen gibt Ihnen Pilates speziell entwickelte Kleingeräte an die Hand.

Dazu gehören vor allem Bälle und Bänder, Balancerollen und Koordinationswippen. Hier erleben Sie einen einfachen Einstieg in die Methode des Pilates, der keine weiteren Utensilien benötigt – lediglich die Matte wird Ihr treuer Begleiter sein.

DAS POWERHAUS

Das Zentrum der Pilates-Übungen bildet das Zentrum unseres Körpers: das Powerhouse. Gemeint sind mit diesem Begriff alle Muskeln der Körpermitte rund um die Lendenwirbelsäule. „Aktivierung des Powerhouses" heißt also, Bauchnabel Richtung Wirbelsäule ziehen und die Beckenbodenmuskulatur anspannen. Diese Grundspannung stützt den Rücken, macht die ausgeführten Übungen effektiver und beugt Schmerzen sowie Fehlhaltungen vor – sie sollte während des gesamten Trainings gehalten werden. Ebenfalls beibehalten wird das „Neutrale Becken". Das Becken wird also in eine neutrale Haltung gebracht, das heißt weder Hohlkreuz noch Flachrücken. So nehmen Sie die Last von Ihren Bandscheiben. Im Liegen achten Sie darauf,

dass Ihre Wirbelsäule möglichst vollständig auf dem Boden aufliegt, im Stand beugen Sie Ihre Beine etwas und kippen das Becken leicht nach vorne, den Rücken halten Sie gerade.

DIE SECHS PRINZIPIEN

Ein weiteres Merkmal sind die sechs Pilates-Prinzipien. Auch, wenn sie nicht von Joseph Pilates selbst stammen und folglich erst in der späteren Weiterentwicklung der Methode ausformuliert worden sind, bilden sie den Grundstock des Pilates:

❊ Konzentration
Schenken Sie jeder Ihrer Bewegungen Ihre volle Aufmerksamkeit. Konzentrieren Sie sich ganz auf Ihren Körper und die einzelnen Muskeln.

❊ Zentrierung
Aktivieren Sie Ihr Powerhouse und halten Sie es über alle Übungen hinweg angespannt.

Konzentrieren Sie sich ganz auf Ihren Körper ♥

❊ Kontrolle
Führen Sie jede Bewegung langsam, bewusst und kontrolliert aus.

❊ Atmung
Die einzelnen Bewegungen werden mit einer gezielten Atmung koordiniert. Die Kontrolle über Ihren Körper breitet sich dadurch auf Ihre Atmung aus. Beim Pilates wird bei angespanntem Bauch in die Flanken des Brustkorbes geatmet. So atmen Sie tief, ohne dabei die Spannung in Ihrem Powerhouse aufzugeben.

❊ Präzision
Wie unter dem Aspekt der Kontrolle beschrieben, werden die einzelnen Bewegungen bewusst und langsam, präzise und kontrolliert ausgeführt.

❊ Fluss
Kommen Sie in einen Bewegungsfluss. Die Übergänge zwischen den Positionen sind fließend, sodass es keine Unterbrechungen gibt.

NICHT VERGESSEN: COOL DOWN

Auch die Entspannung ist ein wichtiger Bestandteil des Pilates. Damit diese nicht zu kurz kommt, führen Sie am Ende Ihres Workouts eine Entspannungs- oder „Cool down"-Phase durch. Dadurch steigert sich nochmal Ihr Wohlbefinden und Sie fühlen sich herrlich frisch.

BEVOR ES RICHTIG LOSGEHT: EIN BISSCHEN ATMUNG VORWEG ...

Die erste Übung beschäftigt sich mit der richtigen Atmung und der Aktivierung des Powerhouses. Außerdem gelangen Sie bereits hier in eine geistige Entspannung, da Sie sich ganz auf Ihre Atmung und Ihren Körper konzentrieren – Gedanken und Probleme ziehen einfach an Ihnen vorbei:

❋ Stellen Sie sich in aufrechter Position vor oder auf Ihre Matte. Die Füße stehen in hüftbreitem Abstand voneinander fest auf dem Boden.

- Legen Sie Ihre Hände auf Ihren Bauch und schließen Sie die Augen.
- Atmen Sie nun ganz tief durch die Nase in den Bauch ein und durch den Mund hörbar wieder aus. Bei der Ausatmung ziehen Sie den Bauchnabel nach innen und spannen den Beckenboden an. Mit dem nächsten Einatmen lösen Sie die Spannung wieder und atmen ganz tief in den Bauch, sodass dieser sich heraus wölbt. Atmen Sie so noch fünf Mal.
- Nach der letzten Wiederholung lassen Sie den Bauchnabel eingezogen und lösen die Spannung nicht mehr. Platzieren Sie dann Ihre Handflächen auf Ihrem Brustkorb unterhalb der Brust und leicht seitlich. Bei konstanter Anspannung des Bauches und des Beckenbodens atmen Sie nun in Ihre Flanken. Spüren Sie mit Ihren Händen, wie sich der Brustkorb bei jeder Einatmung weitet. Atmen Sie insgesamt sechs mal in dieser Weise.
- Sie können nun Ihre Augen wieder öffnen und die Arme sinken lassen.
- Diese Spannung – das aktivierte Powerhouse – und die Atmung in die Flanken behalten Sie für das gesamte Training bei.

FIT IM RÜCKEN UND FREI IM KOPF

Die klassischen Probleme, die mit einem hektischen Alltag einhergehen, sind Stress und Rückenschmerzen. Mit den nächsten Pilates-Übungen können Sie beidem gleichermaßen entgegenwirken. Wenn Sie möchten, lassen Sie sich von Musik begleiten. Das entspannt zusätzlich. Und auf geht's:

ROLLING DOWN

- ❋ Beginnen Sie Ihr Pilates-Training im Stehen.
- ❋ Aktivieren Sie Ihr Powerhouse und bringen Sie das Becken in die neutrale Position.
- ❋ Lassen Sie mit der Ausatmung Ihr Kinn langsam auf die Brust sinken. Gehen Sie mit den Kopf so tief, wie es geht; lassen Sie ihn richtig schön hängen und spüren Sie bereits an dieser Stelle die Dehnung im Rücken.
- ❋ Von da aus gehen Sie weiter. Rollen Sie die restliche Wirbelsäule ganz langsam und in einer fließenden Bewegung ab,

bis Ihr gesamter Oberkörper nach unten hängt. Als gedankliche Hilfe können Sie sich einfach vorstellen, Sie neigen sich über ein Geländer. Ihre Beine bleiben dabei gestreckt, wenn das für Sie möglich ist – so dehnen Sie die Beinrückseiten gleich mit.

- ❇ Verbleiben Sie ein zwei Atemzüge in dieser Position: einatmen, ausatmen, einatmen ...
- ❇ Mit der nächsten Ausatmung begeben Sie sich auf den Rückweg und rollen wieder langsam auf, bis Sie erneut in der aufrechten Position angekommen sind.
- ❇ Beginnen Sie von vorne: mit dem Abrollen bei der Ausatmung.
- ❇ Nach zwei weiteren Wiederholungen bleiben Sie mit dem Oberkörper unten und rollen nicht wieder hoch. Dehnen Sie in dieser Stellung noch ein paar Atemzüge lang Ihre Beinrückseiten.
- ❇ Kommen Sie dann mit den Händen auf den Boden – Sie dürfen jetzt ruhig die Knie beugen.
- ❇ Setzen Sie sich nach hinten und gelangen Sie langsam in die Rückenlage.

ÜBER DIE PERLENKETTE IN DIE SHOULDER BRIGDE

❁ Sie liegen nun auf dem Boden. Ab hier geht's weiter: Stellen Sie die Füße auf, aktivieren Sie ihr Powerhouse und bringen Sie das Becken in die neutrale Position. Die Arme liegen seitlich neben dem Körper.

❁ Kippen Sie nun Ihr Becken so, dass Ihre Lendenwirbelsäule in die Matte gepresst wird und sich das Gesäß leicht von der Matte zu heben beginnt.

❁ Heben Sie Ihr Becken weiter vom Boden und rollen Sie dabei jeden einzelnen Wirbel ganz langsam ab – jeder Wirbel verlässt einzeln die Matte.

- So gelangen Sie in eine Position, in der nur noch Ihre Füße, die Arme und Körperpartien oberhalb Ihres Schultergürtels den Boden berühren – alles andere befindet sich angespannt in der Luft.
- Jetzt rückwärts: Rollen Sie wieder ganz langsam, Wirbel für Wirbel, Ihren Rücken ab und kommen Sie in die Ausgangsposition.
- Wiederholen Sie diese Übung sechs Mal. Sie bekommen ein Gespür dafür, Ihren Körper gezielt so zu bewegen, dass wirklich jeder Wirbel mit der Matte in Kontakt tritt und diese wieder verlässt.

THE HUNDRED

- Für die nächste Übung ändert sich die Ausgansposition nur minimal: Lösen Sie die Füße von der Matte und bringen Sie Ihre Beine in die Luft; Ober- und Unterschenkel bilden einen Winkel von 90 Grad. Vergessen Sie nicht Ihr Powerhouse ...

* Mit der Ausatmung strecken Sie die Beine von sich weg und heben Kopf und Schultergürtel von der Matte ab. Ihre Bauchmuskeln drücken Sie dabei fest in die Matte. In dieser Position heben Sie auch die Arme an, Handflächen nach unten zeigend, und machen mit ihnen pumpende Bewegungen.
* Mit der Einatmung senken Sie alles wieder ab und bringen Ihre Beine in die Ausgangsstellung.
* Machen Sie einen Atemzug Pause und beginnen Sie mit der nächsten Ausatmung von vorn.
* Machen Sie auch hier sechs Wiederholungen.

DER SCHWIMMER

* Für die nächste Übung ändern Sie die Ausgangslage komplett und kommen Sie in die Bauchlage.
* Strecken Sie die Arme nach oben aus und machen die Beine nach unten hin lang. Mit beiden bilden Sie jeweils ein „V". Noch hat Ihr ganzer Körper Mattenkontakt. Der Kopf liegt

in Verlängerung der Wirbelsäule, der Blick ist auf den Boden gerichtet (es geht nur um die Stellung des Kopfes – die Augen können Sie natürlich auch schließen).

- Mit der nächsten Ausatmung heben Sie Arme, Beine und Kopf an. Der Kopf bleibt nach unten gerichtet in Verlängerung der Wirbelsäule.
- Heben Sie nun immer überkreuzt ein Bein und einen Arm höher und lassen sie wieder leicht sinken (ohne sie abzulegen). Nun die andere Seite.
- Das machen Sie langsam, in fließenden Bewegungen, etwa fünf Mal pro Seite.
- Vergessen Sie nicht zu atmen und denken Sie daran, den Bauchnabel weiterhin Richtung Wirbelsäule zu ziehen und so Ihr Powerhouse zu aktivieren.
- Nach den fünf Wiederholungen pro Seite dürfen Sie alles ablegen und entspannen. Atmen Sie tief in Ihren Rücken und lockern Sie so die angestrengte Muskulatur.
- Nach einer kurzen Verschnaufpause geht es zurück in die Ausgangslage. Versuchen Sie insgesamt sechs Durchgänge zu schaffen.

ENTSPANNEN IN DER KINDHALTUNG

❋ Um nach dem Schwimmer die Rückenmuskulatur wieder zu dehnen und zu entspannen, begeben Sie sich in die Position des Kindes.
❋ Dazu machen Sie sich ganz klein wie ein Päckchen. Sie knien, das Gesäß ruht auf den Fersen und der Oberkörper liegt vornüber auf den Oberschenkeln. Die Arme legen Sie seitlich neben Ihren Körper und der Kopf ist ebenfalls entspannt abgelegt.
❋ Verharren Sie in dieser Position für einige tiefe Atemzüge in den Rücken. Spüren Sie den getanen Übungen nach.

Fühlen Sie, wo sich Ihre Muskulatur angestrengt hat und wie sie sich nun anfühlt. Entspannen Sie die beanspruchten Muskeln nun ganz bewusst und unterstützen Sie diese Entspannung mit Ihrer Atmung. Kommen Sie ganz zur Ruhe.

DIE HALTUNG WAHREN

Mit der Pilates-Methode sollen vor allem die Muskeln angeregt und gestärkt werden, die für eine verbesserte und gesündere Haltung sorgen. Diese sind ziemlich klein und sitzen tief, weshalb sie von oberflächlichen Trainingsmethoden meist unberührt bleiben. Die Ziele von Pilates liegen neben der verbesserten Haltung auch in der gesteigerten Beweglichkeit, sowie einer Verbesserung der Kondition, Koordination und der Wahrnehmung des eigenen Körpers. Nach einigen Pilates-Workouts werden Sie die Veränderung merken: Sie gehen aufrechter, haben weniger Rückenschmerzen und sind insgesamt entspannter unterwegs. Joseph Pilates sei Dank!

> **WICHTIG!**
> Treten Schmerzen während der Übungen auf, suchen Sie sich bitte einen professionellen Pilates-Trainer, der Ihnen die Übungen erklären kann. Bei anhaltenden Problemen suchen Sie einen Arzt auf. Vorbelastete Personen machen die Übungen nur nach Absprache mit dem Arzt und eventuell auch unter professioneller Leitung.

> **SMART-INFO**
> Vielleicht kennen Sie Taijiquan (oder Tai Chi Chuan) eher unter den Namen „Tai Chi" oder „Schattenboxen". Die aus China stammende Kampfkunst verbindet Entspannung durch Meditation und die Entwicklung des Qi, der inneren Energie, mit Bewegungsabläufen und Elementen der Selbstverteidigung. Es basiert unter anderem auf der Philosophie des Yin und Yang – Körper und Geist sollen in harmonischen Einklang gebracht werden. Es gibt große Ähnlichkeiten zwischen Taijiquan und Qigong, beide entstammen dem gleichen Ursprung und sind Bestandteil der Traditionellen Chinesischen Medizin.

Taijiquan

Der Legende nach basiert die Kampfkunst des Taijiquan auf einer Beobachtung des chinesischen Meisters Zhang Sanfeng, der etwa von 1274 bis 1384 gelebt haben soll. Er wurde Zeuge eines Kampfes zwischen einer Schlange und einem Vogel. Während der Vogel die Schlange fressen wollte und immer zu nach ihr pickte, wich die Schlange mit eleganten und schnellen Windungen ihres Körpers dem gefräßigen Schnabel aus – bis der erschöpfte Vogel das Weite suchte. Fasziniert von dem Sieg der Schlange soll Zhang Sanfeng darauf die Kampfkunst des Taijiquan entwickelt haben. Zhang Sanfeng gilt heute als Patron des Taijiquan.

FÄCHER SIND NICHT NUR SCHICK ...

Für Taijiquan brauchen Sie weder Vorkenntnis noch besonders viel Platz oder irgendwelche Utensilien. Erfahrene Taijiquan-Praktizierende dagegen üben auch mit Waffen – dazu gehören nicht nur Schwert oder Säbel, sondern auch Stock und Fächer. Da hier der Schwerpunkt auf Entspannung statt auf Zweikampf und Selbstverteidigung liegt, lassen Sie die Waffen lieber weg – und sagen mit Ihren bloßen Händen dem Stress den Kampf an!

DIE ZEHN GEBOTE

Klingt nach Bibel, bezieht sich jedoch auf zehn Richtlinien im Taijiquan, die von Yang Chengfu (1883-1936) erstellt wurden:

1. Den Kopf entspannt aufrichten.

2. Die Brust zurückhalten (das heißt, in eine natürliche Haltung bringen) und den Rücken gerade dehnen.

3. Das Kreuz locker lassen.

4. Die Leere (die Entlastung eines Beines) und die Fülle (die

Belastung eines Beines) auseinander halten (das heißt, die Balance halten).

5. Die Schultern und die Ellenbogen hängen lassen.

6. Das Yi (Bewusstsein) und nicht die Gewaltkraft anwenden.

7. Die Koordination von oben und unten (das heißt, alle Bewegungen miteinander zu koordinieren und zum Beispiel den Arm mit den Augen zu folgen).

8. Die Harmonie zwischen innen (Geist) und außen (Körper).

9. Der ununterbrochene Fluss.

10. In der Bewegung ruhig bleiben.

Behalten Sie diese zehn Gebote beim Ausüben von Taijiquan immer im Hinterkopf und Sie sind auf einem guten Weg.

DIE FÜNF LOCKERUNGSÜBUNGEN

Diese Übungsreihe dient vor allem dem Aufwärmen vor der eigentlichen Tajiquan-Übung. Die fünf Lockerungsübungen (oder auch 5 Loosening Exercises) werden alle im Stehen ausgeführt. Lassen Sie die einzelnen Bewegungen fließend ineinander übergehen und führen Sie jede langsam und bewusst aus. Entspannen Sie Ihren Geist und seien Sie mit Ihrer Aufmerksamkeit ganz bei sich und Ihren Bewegungen:

1. Lockerungsübung
* Stehen Sie bequem und in breitbeinigem Stand.
* Heben Sie Ihre Arme locker und nicht vollständig gestreckt zu den Seiten an.
* Drehen Sie nun Ihren Oberkörper nach rechts und lassen Sie dabei die Arme langsam sinken; ein Arm gleitet vor den Körper und der andere dahinter.
* Heben Sie die Arme wieder an und drehen Sie den Oberkörper zurück.

Führen Sie jede Bewegung langsam und bewusst aus ♥

❋ Beginnen Sie jetzt mit der anderen Seite, indem Sie den Oberkörper nach links drehen und die Arme wieder nach unten führen.
❋ Machen Sie die Bewegung auf jeder Seite fünfmal.

2. Lockerungsübung

❋ Starten Sie aus der gleichen Ausgangsposition wie bei der ersten Lockerungsübung.
❋ Führen Sie die Arme nun ohne Oberkörperdrehung nach unten und lassen Sie die Hände sich beim Ausschwingen vor dem Körper überkreuzen. Bringen Sie die Arme dann wieder nach oben.
❋ Die Bewegung erinnert an einen fliegenden Vogel.
❋ Schwingen Sie insgesamt zehnmal Ihre „Flügel".

3. Lockerungsübung

❋ Für die dritte Übung stehen Sie breitbeinig, die Arme hängen zur Seite hinab.
❋ Führen Sie den rechten Arm locker nach vorne, gleichzeitig heben Sie den linken Arm diagonal dazu nach hinten an.

- Wechseln Sie dann die Position der Arme: der linke Arm schwingt langsam von hinten nach vorn und der rechte von vorn nach hinten.
- Führen Sie diese Bewegung ebenfalls fünfmal pro Seite, also insgesamt zehnmal, aus.

4. Lockerungsübung

- Heben Sie im breitbeinigen Stand die Hände über die Seite und bringen Sie sie vor der Brust zusammen. Verschränken Sie die Finger ineinander.
- Lassen Sie die gefalteten Hände nach unten sinken und lösen Sie die Hände dann wieder voneinander.
- Beginnen Sie mit der Bewegung von vorn. Wiederholen Sie die Übung dreimal.
- Beim dritten Mal senken Sie die Hände nicht, sondern lassen sie vor der Brust. Öffnen Sie die gefalteten Hände; die Handflächen zeigen von Ihnen weg.
- Gehen Sie jetzt mit dem Gesäß nach hinten in die Hocke, als würden Sie sich auf einen Stuhl setzen wollen – die Knie sollten nicht über die Fußspitzen hinausragen.

- Lassen Sie die Arme locker nach unten fallen und bringen Sie die Beine zur Streckung; der Oberkörper bleibt unten.
- In dieser Position schwingen Sie die Arme fünfmal vor und zurück (durch die Beine durch), dann fünfmal nach rechts und links; der Oberkörper darf mitschwingen. Als letztes schwingen Sie Ihre Arme noch fünfmal vor und zurück.
- Richten Sie sich langsam wieder auf.

5. Lockerungsübung

- Begeben Sie sich für diese Übung in eine Schrittstellung; der ganze Körper ist nach rechts gewendet. Die Knie sind leicht gebeugt.
- Verlagern Sie Ihr Gewicht von beiden Beinen auf das hintere. Danach verlagern Sie es auf das vordere Bein – immer im Wechsel, fünfmal pro Bein.
- Wenden Sie sich dann um zur linken Seite und kommen Sie auch hier in eine Schrittstellung.
- Beginnen Sie von vorne: Gewicht auf den hinteren Fuß, Gewicht auf den vorderen Fuß, Gewicht wieder auf den hinteren Fuß und so weiter.

PUSH HANDS

Taijiquan kann nicht nur allein ausgeführt werden. „Push Hands" ist eine bekannte Übung des Taijiquan, die mit einem Partner ausgeführt wird. Es geht darum, sich mit Druck gegenseitig aus dem Gleichgewicht zu bringen und durch Gegendruck in der Balance zu bleiben. Schnappen Sie sich also eine Person, mit der Sie soweit vertraut sind, dass Sie sich gegenseitig berühren mögen. Auf geht's:

❋ Sie und Ihr Partner/Ihre Partnerin stehen sich gegenüber.
❋ Heben Sie eine oder beide Hände an und kommen Sie mit dem Gegenüber in Berührung.
❋ Über die ganze Übung hinweg bleibt ein ständiger Körperkontakt bestehen – Push Hands wird daher auch „Klebende Hände" genannt.
❋ Nun übt einer von Ihnen Druck aus, den der andere neutralisieren muss, indem er oder sie die Bewegung abfängt und darauf mit einer Gegenbewegung antwortet. Diese wird dann wiederrum von der ersten Person entgegengenommen und neutralisiert.

❋ So entsteht nicht nur ein Gegen- sondern vor allem ein ausgeglichenes Miteinander. Ein Wechselspiel aus Kampf und Harmonie.

YIN UND YANG: DIE PHILOSOPHIE HINTER TAIJIQUAN

Sicherlich haben Sie davon auch schon einmal gehört: das Dualismusprinzip des Yin und Yang. Diese beiden chinesischen Begriffe bezeichnen Gegensätze – Kräfte oder Prinzipien –, die sich widersprechen und gleichzeitig einander bedingen: Tag und Nacht, Glück und Unglück, Licht und Schatten … Auch in der chinesischen Kampfkunst geht es darum, voneinander abhängige Gegensätze in Harmonie und Einklang zu bringen: und zwar Körper und Geist, Bewegung und Ruhe, Anspannung und Entspannung. Besonders die Push-Hands-Übung basiert auf diesem Prinzip, indem auf Druck mit abschwächender Neutralisation und Gegendruck geantwortet wird – Sie und Ihr Partner oder Ihre Partnerin verkörpern in dieser Übung das Yin und Yang.

Bringen Sie mit Taijiquan auch im Alltag Ihr Yin und Yang in Gleichgewicht und genießen Sie die Entspannung, die Taijiquan mit sich bringt.

GESUNDHEIT UND SELBSTVERTEIDIGUNG

Taijiquan wird heute hauptsächlich zur allgemeinen Steigerung des Wohlbefindens und der Lebensqualität praktiziert. Es gibt aber auch viele gesundheitsfördernde Anwendungen – Taijiquan-Kurse werden teilweise als Präventiv- oder Therapiemaßnahmen von Krankenkassen übernommen. Die ursprüngliche Funktion des Taijiquan als Kampfkunst ist heute ebenfalls noch präsent: Selbstverteidigungskurse werden immer beliebter. Und da im Taijiquan weniger mit Muskelkraft als vielmehr mit der inneren Kraft gearbeitet wird, ist es für alle Altersstufen und Fitnessgrade geeignet. Schließlich gelangt die innere Kraft auch nach außen: wenn Sie regelmäßig üben, strahlen Sie bald Ausgeglichenheit und seelische Stärke aus, die sich in der Balance Ihres Körpers widerspiegelt.

> **WICHTIG!**
> Bei auftretenden Schmerzen wenden Sie sich an einen professionellen Taijiquan-Lehrer oder im Zweifelsfall an einen Arzt. Taijiquan ersetzt keine ärztliche Behandlung.

Qigong

„ENERGIEARBEIT": ENTSPANNENDER, ALS ES SICH ANHÖRT

Der Begriff Qigong fasst alle Übungen zusammen, bei denen die Energie des eigenen Körpers gesteuert oder beeinflusst werden soll. „Qi" bezeichnet dabei die Lebensenergie und „Gong" bedeutet so viel wie „fortwährendes Üben" oder „Arbeit". Laut der Philosophie des Qigong tragen wir das Qi seit der Geburt in uns. Es wird über Nahrung, Einatmung oder Bewegung aufgenommen und über Ausatmung oder den Kontakt zu anderen Menschen wieder abgegeben – so entsteht ein zyklischer Energiefluss. Die Energie soll durch Qigong gleichmäßig durch die Energiebahnen, die Meridiane, fließen. Staut sich die Energie irgendwo an oder fehlt sie, so ist diejenige Person krank oder fühlt sich unwohl. Dem soll mit Qigong entgegengesteuert und vorgebeugt werden. Man kann also die folgenden Wirkungen von Qigong festhalten: Krankheitsprävention,

> **SMART-INFO**
> Die Kampfkunst des Qigong (ausgesprochen „Tchigung") hat ihre Wurzeln im alten China. Sie umfasst Atemübungen, Meditation und zusammenhängende Bewegungssequenzen. Qigong ist außerdem ein Bestandteil der Traditionellen Chinesischen Medizin. Ziel des Qigong ist es, das „Qi", also die Energie des eigenen Körpers, in einen gleichmäßigen Fluss zu bringen und so zu einer inneren Balance zu gelangen.

Selbstheilung, mehr Achtsamkeit, eine verbesserte Konzentration und natürlich geistige und körperliche Entspannung – der Grund, warum wir Ihnen diese Methode vorstellen.

DIE ACHT BROKATE

Wenn Sie bei diesem Namen an Möbel- oder Kissenbezüge denken, sind Sie gar nicht so verkehrt. Brokat – ein schwerer Stoff aus Seide, in dem Gold- oder Silberfäden eingewoben sind – war im alten China einer der wertvollsten Stoffe, die es gab. Mit der Bezeichnung „Brokat" sollte der Wert und die Bedeutung der Übungsreihe betont werden. Die „Acht Brokatübungen" gehören zum traditionellen Repertoire des Qigong – die Überlieferungen stammen aus dem dritten Jahrhundert. Kombinieren Sie die Bewegungen immer mit einer langsamen, bewussten Atmung und kommen Sie in einen ruhigen Bewegungsfluss. Die Ausgangsposition für jede Übung ist, wenn nicht anders vorgegeben, ein breitbeiniger Stand mit leicht gebeugten Knien. Geben Sie Ihrem Qi das Startkommando mit den Schritten auf den folgenden Seiten.

1. Den Himmel mit den Händen stützen

* Verschränken Sie die Finger vor Ihrem Unterkörper ineinander, blicken Sie dabei in die Handflächen.
* Strecken Sie Ihre Beine langsam und bringen die Hände über den Kopf – folgen Sie ihnen mit den Augen.
* Öffnen Sie dann die Arme und führen sie über außen wieder nach unten. Die Beine beugen sich wieder.
* Beginnen Sie von vorn. Wiederholen Sie den Kreislauf dreimal.

2. Den Bogen spannen und auf den Adler zielen

* Kommen Sie mit Ihren Beinen noch ein Stückchen tiefer und drehen Sie den Kopf nach rechts.
* Öffnen Sie die Arme zur Seite. Beugen Sie den linken Arm so, dass die Fingerspitzen die linke Schulter berühren und der Ellenbogen nach außen gerichtet ist. Gleichzeitig führen Sie den rechten Arm weg von sich und strecken ihn aus – vom Ellenbogen des linken Armes bis zur Hand des rechten Armes bildet Sie eine waagerechte Linie. Stellen Sie sich vor, Sie spannen einen Bogen. Mit Zeigefinger und

Daumen der rechten Hand zeigen Sie ein „L", als würden Sie auf etwas zielen.
- Drehen Sie nun den Kopf nach links und strecken Sie auch den linken Arm aus. Dabei verlagern Sie Ihr Gewicht von beiden Beinen auf das linke; das rechte Bein wird gestreckt.
- Ziehen Sie das rechte Bein zum linken heran, führen Sie die Arme wieder nach unten und stellen Sie sich aufrecht hin.
- Drehen Sie den Kopf nach links und beginnen Sie mit der anderen Seite.
- Wiederholen Sie jede Seite dreimal.

3. Den Himmel stützen und die Erde stemmen.
- Führen Sie den rechten Arm nach oben in Richtung Himmel und den linken nach unten Richtung Erde. Strecken Sie dabei Ihre Beine. Richten Sie die Handflächen zum jeweiligen Element hin, als würden Sie Himmel und Erde stützen.
- Bringen Sie danach beide Hände vor Ihren Unterbauch und führen Sie nun den linken Arm zum Himmel; der rechte kommt nach unten.
- Führen Sie wieder jede Seite abwechselnd dreimal durch.

4. Hinter sich schauen

- Heben Sie beide Arme jeweils zur Seite an bis zu einem Winkel von etwa 45 Grad.
- Drehen Sie die Handflächen nach oben und ziehen Sie die Arme ganz leicht hinter sich, sodass Ihre Schulterblätter sich fast berühren. Schauen Sie über Ihre rechte Schulter nach hinten – der Körper bleibt dabei nach vorne ausgerichtet, nur der Kopf bewegt sich.
- Richten Sie nun Ihren Blick wieder geradeaus und drehen Sie die Handflächen zum Boden. Die Beine beugen sich und die Arme sinken wieder leicht ab.
- Jetzt heben Sie die Arme wieder ein Stück an, drehen die Handflächen erneut zum Himmel und schauen über die linke Schulter.
- Wiederholen Sie jede Seite dreimal.

5. Das Gesäß hin- und herschwenken

- Auch, wenn der Name des fünften Brokats etwas anderes vermuten lässt, wird eigentlich eher der Oberkörper „geschwenkt" – aber schauen Sie selbst.

- Führen Sie die Arme nach oben und kommen Sie in die Position des Himmelstützens, nur ohne die Finger zu verschränken.
- Bringen Sie die Arme über seitlich nach unten und legen Sie die Hände auf Ihren Oberschenkeln ab. Schauen Sie mit dem Kopf zur Erde und beugen Sie die Beine.
- Kippen Sie mit Ihrem Oberkörper leicht nach links und verlagern Sie so das Gewicht auf den linken Fuß.
- Jetzt zeichnen Sie mit Ihrem Oberkörper einen Halbkreis, indem Sie ihn vornübergebeugt von links nach rechts führen. Verlagern Sie dabei das Gewicht auf den rechten Fuß.
- Wieder oben angekommen strecken Sie die Beine und beugen sie gleich danach wieder; beginnen Sie den Halbkreis nun von rechts nach links.
- Jede Seite wird dreimal wiederholt.

6. Mit beiden Händen die Füße fassen

- Führen Sie die Arme über die Seiten nach oben.
- Bringen Sie die Hände mit nach unten gerichteten Handflächen vor Ihrem Körper nach unten, als würden Sie etwas

runterdrücken wollen. Die Fingerspitzen berühren sich dabei. Unten angekommen trennen sich die Fingerspitzen wieder.
❋ Legen Sie die Hände hinter den Rücken und beugen Sie den Oberkörper langsam vor. Währenddessen fahren Sie mit Ihren Händen an den Beinrückseiten hinab bis zu den Fußgelenken.
❋ Haben Sie mit den Händen die Fußgelenke erreicht, berühren Sie, sofern das für Sie bei gestreckten Beinen möglich ist, Ihre Zehen.
❋ Strecken Sie die Arme nach vorn und kommen Sie mit gestrecktem Rücken wieder nach oben.
❋ Beginnen Sie von vorn.
❋ Machen Sie diese Vorbeuge insgesamt dreimal.

7. Die Fäuste ballen

❋ Heben Sie im breitbeinigen Stand die Arme nach vorn und ballen Sie die Hände zu Fäusten.
❋ Beugen Sie Ihre Beine und ziehen Sie dabei die Arme zurück; halten Sie diese seitlich an Ihrem Körper.

- ❊ Dann strecken Sie die rechte Faust vor, lösen Sie, zeichnen einen Kreis mit der geöffneten Hand und schließen die Faust wieder. Ziehen Sie den Arm wieder an den Körper heran.
- ❊ Strecken Sie nun den anderen Arm nach vorne aus und verfahren Sie genau so.
- ❊ Machen Sie wieder jede Seite dreimal.

8. Siebenmal den Rücken strecken

- ❊ Für die letzte Bewegung stehen Sie mit geschlossenen Beinen ganz gerade und aufrecht. Die Füße sind ganz dicht nebeneinander.
- ❊ Verlagern Sie nun Ihr Körpergewicht auf den vorderen Teil des Fußes und kommen Sie langsam hoch auf die Zehenspitzen. Ziehen Sie sich dabei ganz lang und gerade – der achte Brokat meint nämlich die Streckung des ganzen Körpers und nicht nur des Rückens.
- ❊ Sinken Sie wieder ab auf den ganzen Fuß.
- ❊ Beginnen Sie von vorne. Machen Sie siebenmal diese Bewegung.

VIELE WEGE: EIN ZIEL

Es gibt unzählige Qigong-Übungen – und das ist nicht nur so daher gesagt: es gibt so viele, dass man sie nicht zählen oder katalogisieren kann. Schon im alten China entwickelte jeder Meister sein eigenes Übungssystem und gab es an seine Schüler weiter. So entstand bereits damals eine unüberblickbare Vielfalt. Mit der zunehmenden Modernisierung und Internationalisierung des Qigong sind wieder viele Varianten und Übungen hinzugekommen, die sich an die jeweilige Kultur und Umgebung anpassen.

Alle Qigong-Übungen, so unterschiedlich sie auch sein mögen, haben dabei das gleiche Ziel: Ein ausgeglichener Energiefluss, der zu innerer Harmonie und Balance führt. Lassen Sie mit Qigong Entspannung in Ihr Leben einziehen, so wie es schon die Chinesen vor über 2000 Jahren getan haben.

> **WICHTIG!**
> Verspüren Sie während einer Übung Schmerzen, empfiehlt es sich, einen professionellen Qigong-Trainer aufzusuchen. Auch wenn Qigong ein Bestandteil der Traditionellen Chinesischen Medizin ist, ersetzt es im Krankheitsfall nicht den Arztbesuch.

Jyutsu

> **SMART-INFO**
> Jyutsu – eigentlich Jin Shin Jyutsu – ist eine Jahrtausende alte Heilkunst aus Japan, die die Lebensenergie harmonisiert. Mithilfe der Berührung bestimmter Stellen am Körper sollen die sogenannten „Sicherheits-Energieschlösser" geöffnet und die Lebensenergie in einen gleichmäßigen Fluss gebracht werden. „Energieblockaden" werden so gelöst, innere Balance und gesteigertes Wohlergehen sind die Folgen.

„Die Kunst des Schöpfers durch den wissenden, mitfühlenden Menschen" – das ist die wörtliche Übersetzung von Jin (wissender, mitfühlender Mensch), Shin (Schöpfer) und Jyutsu (Kunst). Die Harmonisierungs- und Heilkunst wird von ausgebildeten Jyutsu-Praktikern angewendet, kann aber mit der richtigen Anleitung auch allein ausgeübt werden. Anders als bei der Akupressur oder Akupunktur müssen die Punkte nämlich nicht ganz genau getroffen werden – ein Handauflegen auf der ungefähren Stelle genügt. Jin Shin Jyutsu entspannt nicht nur und bringt Ihr Inneres in eine Balance, es aktiviert außerdem die Selbstheilungskräfte Ihres Körpers. Im Grunde ist es eine Hilfe für den Körper, sich selbst zu helfen. Generell gilt dabei, dass Jin Shin Jyutsu keine konkrete Technik, sondern eben eine Kunst ist, wie der japanische Name es vorgibt. Es gibt also auch kein Richtig oder Falsch, die Übungen können je nach Wunsch verändert oder die Seite des Körpers gewechselt werden. Spüren Sie nach, was Ihrem Körper gut tut und hören Sie auf ihn.

DIE 26 SICHERHEITS-ENERGIESCHLÖSSER

Nach der Lehre des Jin Shin Jyutsu befinden sich insgesamt 52 sogenannte Sicherheits-Energieschlösser in unserem Körper, jeweils 26 auf jeder Seite (rechts und links von einer gedachten Senkrechten, die den Körper in zwei Hälften teilt). Wenn wir gestresst sind oder andere Probleme haben, schnappen diese Schlösser zu und behindern den Fluss der inneren Energie. Das kann Schmerzen, Verspannungen, schlechte Laune und eine negative Einstellung zur Folge haben.

ENERGIEBLOCKADEN LÖSEN

Um diese Energieblockaden wieder zu lösen und eine generelle Entspanntheit und Ausgeglichenheit herzustellen, gibt es die Kunst des Jin Shin Jyutsu. Durch heilsames Hände-Auflegen werden die Energieschlösser „geströmt" und wieder geöffnet. Mit den Techniken, die auf den nächsten Seiten beschrieben werden, bringen Sie Ihren Energiekreislauf zum Fließen.

Das Strömen schafft sofortige Entspannung

DAS „STRÖMEN" DES ZENTRALSTROMS

Eine einfache und effektive Übung ist die Strömung des Zentralstroms – sie schafft sofortige Entspannung und wird daher auch gerne vor dem Einschlafen angewendet. Der Zentralstrom bezeichnet die Hauptquelle unserer Lebensenergie und er verläuft einmal von Kopf bis Schambein vorn am Körper hinab und hinten am Rücken entlang wieder hinauf. Sie strömen sieben Sicherheits-Energieschlösser mit dieser Übung, die entlang des Zentralstroms gelegen sind und für einen ausgeglichenen Fluss der Energie in Ihrem Körper verantwortlich sind.

Zum Strömen legen Sie entweder die ganze Hand, mehrere Finger oder nur einen Finger auf die jeweilige Stelle (das Sicherheits-Energieschloss) und verharren Sie dort für etwa drei Minuten oder auch etwas länger.

❋ Machen Sie es sich zuerst einmal bequem. Setzen Sie sich oder stellen Sie sich hin. Nehmen Sie sich Zeit und suchen Sie sich eine Position, in der Sie sich wohlfühlen und gut entspannen können.

- ❋ Konzentrieren Sie sich während der Übung immer auf die jeweilige Stelle beziehungsweise das Energieschloss. Atmen Sie dabei ruhig und regelmäßig ein und aus.
- ❋ Legen Sie die rechte Hand oder deren Finger(spitzen) oben auf Ihren Kopf und belassen Sie sie dort für die ganze Übung.
- ❋ Mit Ihrer linken Hand berühren Sie nun als Erstes den Punkt zwischen Ihren Augenbrauen.
- ❋ Nach etwa drei Minuten gehen Sie mit Ihrer linken Hand weiter zur nächsten Stelle: Ihre Nasenspitze.
- ❋ Der nächste Punkt ist die Mitte Ihres Brustbeins. Bewegen Sie Ihre linke Hand jetzt dorthin.
- ❋ Danach legen Sie die Finger oder die Hand ans untere Ende Ihres Brustbeins, also dorthin, wo der Magen sitzt.
- ❋ Nun gehen Sie mit der linken Hand weiter nach unten und platzieren sie auf Ihrem Schambein.
- ❋ Zum Abschluss belassen Sie die linke Hand auf dem Schambein und legen die rechte Hand oder die Finger der rechten Hand auf Ihr Steißbein.
- ❋ Nach etwa drei weiteren Minuten ist die Übung beendet.

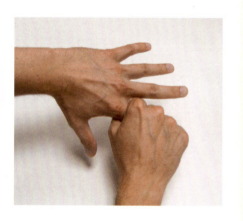

KURZGRIFFE: WENN'S SCHNELL GEHEN MUSS

Neben den 26 Sicherheits-Energieschlössern, die direkt geströmt werden können, gibt es Kurzgriffe, die stellvertretend für einige Energieschlösser stehen. Sie werden an den Fingern ausgeführt. Umschließen Sie den jeweiligen Finger einfach mit der anderen Hand und halten Sie ihn so lange, wie Sie Zeit haben – egal, ob nur 30 Sekunden oder zehn Minuten.

DAUMEN
➤ dieser Finger steht für die Energie von Magen und Milz.

ZEIGEFINGER
➤ öffnet die Energieschlösser von Blase und Nieren.

MITTELFINGER
➤ Gallenblase und Leber werden geströmt.

RINGFINGER
➤ Lungen- und Dickdarmenergie fließen wieder.

KLEINER FINGER
➤ dieser Finger schließlich sorgt für fließende Energie bei Dünndarm und Herz.

TÄGLICHES „STRÖMEN"

Wenn Sie täglich Jin Shin Jyutsu anwenden und Ihre Energieschlösser „strömen", merken Sie schon nach kurzer Zeit kleine Veränderungen. Eine entspanntere Grundhaltung sowie gesteigertes Wohlergehen und weniger Beschwerden gehören dazu. Nehmen Sie sich also am besten jeden Tag ein paar Minuten Zeit, um bewusst zu „strömen". Zehn Minuten am Tag reichen. Wenn Sie geübt sind, können Sie sogar nebenbei immer mal wieder „strömen": beim Fernsehen, beim Lesen, in der Bahn …

Während es bei der Akupressur darauf ankommt, einen bestimmten Punkt genau zu treffen, lässt Jin Shin Jyutsu größere Spielräume. Sie können in einem Bereich von rund sieben Zentimetern die Hand oder die Finger auflegen. Relaxed, oder? Übrigens tut diese Methode nicht nur bei körperlicher Verspannung gut. Sie begleitet ebenso sinnvoll eine Ernährungsumstellung. Auch bei seelischen Veränderungen wie Trauerarbeit oder der Bewältigung von Lebenskrisen können Sie mit Jin Shin Jyutsu positive Effekte erzielen.

> **WICHTIG!**
> Jin Shin Jyutsu ersetzt keine ärztliche Diagnose und Behandlung. Suchen Sie bei ernsten oder anhaltenden Beschwerden einen Arzt auf.

Progressive Muskelentspannung

> **SMART-INFO**
> Einfach, effizient und effektiv: die progressive Muskelentspannung (PME). Für diese Technik benötigen Sie eigentlich nichts – nur etwas Zeit und Übung. Weder Geräte noch Trainer sind zwingend erforderlich. Das macht die PME so attraktiv.

Edmund Jacobson war ein guter Beobachter. Der US-amerikanische Arzt und Physiologe stellte zu Beginn des 20. Jahrhunderts fest, dass Unruhe oder Erregung mit einer erhöhten Anspannung der Muskulatur einhergehen. Andersrum: Lockere Muskulatur deutet auf ein entspanntes Gemüt und körperliches Wohlbefinden hin.

Kann also die bewusste Verminderung der Muskelspannung die Aktivitäten des Zentralen Nervensystems herabsetzen? Werden Spannungsschmerzen, Ängste und Stress so reduziert? Jacobsons Forschungen unterstützten diese Annahmen und im Jahr 1929 veröffentlichte er seine Ergebnisse. Die progressive Muskelentspannung (oder auch progressive Relaxation) war geboren und begeistert bis heute.

WAS PASSIERT IM EINZELNEN?

Die progressive Muskelentspannung funktioniert durch den Wechsel von bewusstem Anspannen und darauf folgendem Entspannen verschiedener Muskelgruppen. Progressiv bedeutet dabei, dass die muskuläre Lockerung fortschreitend passiert. Also nicht plötzlich. In diesem Zug können auch mentale Blockaden gelöst werden. Sie konzentrieren sich auf den Vorgang, eine Muskelgruppe – zum Beispiel den Oberschenkel – behutsam anzuspannen, diese Spannung zu halten und dann loszulassen. Die Anspannung dauert fünf, die Entspannung zwischen zehn und 20 Sekunden. Vielleicht mögen Sie länger entspannen. Auch das ist gut. Der Entspannung spüren Sie etwas nach und dann geht es weiter mit der nächsten Muskelgruppe. Sie atmen im eigenen Rhythmus. Bald stellen Sie fest, dass Sie Übung und Atmen harmonisieren. Die Entspannung wandert quasi einmal durch Ihren Körper.

> »Progressiv« meint nicht »aggressiv« – die Bewegungen werden sanft ausgeführt

SO STEIGEN SIE GANZ EINFACH EIN

Setzen Sie sich bequem und aufrecht auf einen Stuhl – Arme auf den Lehnen oder den Oberschenkeln. Sollten Sie liegen, strecken Sie die Beine aus und lassen die Füße locker nach außen fallen. Schließen Sie die Augen oder fixieren Sie einen Punkt. Atmen Sie ruhig und in Ihrem eigenen Rhythmus. Auf diese Weise lenken Sie Ihre Aufmerksamkeit von außen nach innen.

Jede der folgenden Anspannungen halten Sie circa fünf Sekunden. Zählen Sie dafür ruhig bis fünf. Genießen Sie die darauf folgende Entspannung länger – zwischen zehn und 20 Sekunden, so wie es für Sie gut ist. Sollten Sie bei einer Muskelgruppe Beschwerden verspüren, lassen Sie hier die Anspannung aus und konzentrieren Sie sich auf die Entspannung. Es geht los.

1. Hände
Ballen Sie eine Hand zur Faust; so stark, dass die Anspannung im Unterarm spürbar ist. Öffnen Sie die Hand zügig und lösen

Sie die Spannung. Spüren Sie der Entspannung bewusst nach. Bemerken Sie einen Unterschied zur anderen Hand? Jetzt ist diese Hand dran. Wiederholen Sie den Vorgang und vergleichen Sie erneut. Atmen Sie fließend weiter.

2. Oberarme
Beugen Sie die Unterarme so weit, dass sie im rechten Winkel zum Oberarm stehen. Spannen Sie die beiden Oberarmmuskeln (Bizeps) an. Stellen Sie sich vor, Sie würden je eine Zeitung unter die Arme klemmen.

3. Unterarme
Drücken Sie mit den Handflächen auf die Unterlage und spannen Sie so den Unterarmmuskel (Trizeps) an.

4. Stirn
Legen Sie Ihre Stirn in Querfalten. Dafür öffnen Sie die Augen weit und ziehen die Brauen hoch. Entspannen Sie und ziehen Sie die Augenbrauen jetzt so zusammen, dass auf Ihrer Stirn senkrechte Falten entstehen. Anschließend: loslassen, die Stirn glättet sich.

5. Augen
Kneifen Sie die Augen ganz fest zusammen.

6. Lippen
Ohne die Zähne aufeinanderzubeißen, pressen Sie die Lippen zusammen.

7. Zunge
Drücken Sie die Zunge gegen den Gaumen.

8. Zähne
Spannen Sie die Kiefermuskulatur an und beißen Sie die Zähne aufeinander.

9. Nacken
Drücken Sie den Nacken nach hinten; sollten Sie liegen, drücken Sie ihn in die Unterlage.

10. Kinn
Beugen Sie den Kopf und pressen Sie das Kinn auf die Brust.

11. Schultern
Ziehen Sie die Schultern hoch in Richtung der Ohren. Hier fünf Sekunden halten und dann fallen lassen.

12. Schulterblätter
Nehmen Sie die Schulterblätter nach hinten – so, als würden Sie diese an die Wirbelsäule drücken.

13. Brustkorb
Atmen Sie tief ein. Halten Sie die Spannung im gewölbten Brustkorb und atmen Sie flach weiter. Nicht die Luft anhalten! Nach fünf Sekunden, den Brustkorb senken und entspannen.

14. Bauch
Wölben Sie den Bauch beim Einatmen heraus. Halten Sie die Spannung und atmen Sie auch jetzt weiter. Lassen Sie die Bauchdecke nach fünf Sekunden sinken.

15. Gesäß
Pressen Sie die Gesäßmuskeln zusammen. Sollten Sie sich im

Liegen befinden, heben Sie das Gesäß von der Unterlage ab Richtung Hohlkreuz.

16. Oberschenkel
Spannen Sie die Oberschenkel an. Damit das gut gelingt, stellen Sie sich vor, Sie würden mit den Knien etwas nach vorne drücken. In der liegenden Position, ziehen Sie dafür die Beine an oder stellen sie auf.

17. Unterschenkel
Drücken Sie mit den Füßen in den Boden und spannen so die Unterschenkel an. Im Liegen stellen Sie die Beine auf und machen das gleiche. Nach der Entspannung ziehen Sie die Zehen zu den Schienbeinen und spannen auf diese Weise die Unterschenkel an.

18. Abschluss
Genießen Sie mit ein paar Atemzügen die Entspannung. Werden Sie bewusst wieder wach. Beginnen Sie außen: Bewegen Sie sachte Finger und Zehen, dann Schultern und

Arme. Tief einatmen! Dann räkeln Sie sich etwas, reiben über das Gesicht und öffnen die Augen. Sie nutzen die Übung als Einschlafhilfe? Dann lassen Sie diesen Teil einfach weg.

Mittels Anspannung und Loslassen haben Sie Ihren gesamten Körper „besucht". Das Gefühl der Entspannung hat sich von einer Muskelgruppe zur nächsten fortgesetzt.

Durch PME „ermüdet" der Muskel mehr, als er das sonst tun würde, und darum entspannt er auch gut. Wir schreiben das hier in Anführungszeichen, weil dies nicht mit einer sportlichen Tätigkeit zu vergleichen ist und doch eine Beanspruchung bedeutet. Der entspannte Muskel fühlt sich angenehm warm, schwer oder leicht prickelnd an. Das liegt auch an der stärkeren Durchblutung während der Anspannung. Bei Beschwerden wie Spannungskopfschmerz verharrt man dauerhaft im Zustand der Anspannung. Das wohlige Gefühl der Entspannung ist nicht bekannt oder ging verloren. Wer sich für PME öffnet, entdeckt neue körperliche Erfahrungen; das Gehirn lernt, sich an Entspannung zu erinnern.

Der entspannte Muskel fühlt sich angenehm warm an

GEZIELT „LOSLASSEN"

Anspannen und lockern – diesen Prozess führen Sie nacheinander mit verschiedenen Muskelgruppen durch. Mit der Zeit lernen Sie, normale von starker oder überhöhter Anspannung zu unterscheiden. Die Aufmerksamkeit für Ihren gesamten Körper steigt. Sie bekommen richtig Lust darauf, die Lockerung herbeizuführen und zu genießen. Spüren Sie, dass in einer bestimmten Situation Muskeln verspannen, dann greifen Sie auf das Gelernte zurück und können gezielt „loslassen". Es ist doch so: Stress lässt sich nicht immer umgehen oder kurzfristig beseitigen. Die Auslöser zu analysieren und der anstrengenden Situation Herr zu werden, ist schon eine große Herausforderung. Bis diese gemeistert ist, kann PME helfen. Sie isolieren sich quasi in der Unruhe – finden eine Insel der Gelassenheit für sich ganz persönlich.

Entspannen durch Anspannen: Das klingt paradox, aber es hilft nachweislich. Wer anfangs regelmäßig – am besten jeden Abend vor dem Zubettgehen – zwischen 20 und 30 Minuten übt, verinnerlicht die Technik gut und kann sie gezielt abrufen. wer sich mit der PME gut fühlt und sich damit intensiver beschäftigt, kann die Übungen in der Länge variieren oder sie mit musikalischer Begleitung durchführen. Mit der Zeit werden Sie Ihr passendes Muster finden. Sie können die Übung im Sitzen oder Liegen durchführen. Bequem sollten Sie es haben – lockere Kleidung, frische Raumluft, gedämpftes Licht, vielleicht zünden Sie eine Duftkerze an? Sagen Sie Ihrer Familie oder anderen, die in der Umgebung sind, dass Sie 30 Minuten Ruhe brauchen und nicht gestört werden möchten. Schon diese Maßnahme ist in unserer hektischen Zeit ein guter Schritt zu mehr Entspannung ...

Zu Zeiten Jacobsons wurde die Technik noch in Form von 50 Sitzungen vermittelt. Heute benötigen Sie nur kurze Zeit um mit PME vertraut zu werden. Lernen Sie mit den beschriebenen Übungen die progressive Muskelentspannung kennen und lassen Sie sich optimal entspannen.

> **WICHTIG!**
> Bei psychischen Erkrankungen wie Panikattacken oder Depression sollten Sie vor Einübung von PME ärztlichen Rat einholen. Da der Muskeltonus nachweislich sinkt, sollten auch Menschen mit Vorerkrankungen ärztlich abklären, ob PME für sie passt.

> **SMART-INFO**
> Mit Selbstmassage und Akupressur können Sie durch einfache Übungen und Handgriffe leicht zu einer inneren Entspannung und körperlichem Wohlgefühl gelangen. Ob Sie gezielt Verspannungen lösen oder in einen entspannten Einklang mit Körper und Geist kommen möchten, wir zeigen Ihnen wie. Besonders für Letzteres bietet sich die indische Heilkunst des Ayurveda an, die mit ihren Massage- und Reinigungstechniken den Körper in eine ganzheitliche Harmonie bringen möchte.

Selbstmassage und Akupressur

Die Massage eines verspannten Muskels sorgt für eine erhöhte Durchblutung und führt so zur Entspannung desselben. Der Stoffwechsel wird angeregt und Schmerzen sowie Stress werden aufgelöst. Was tun, wenn Sie auf die Schnelle keinen Termin beim Masseur bekommen. Nehmen Sie die Sache selbst in die Hand – und zwar wortwörtlich.

Selbstmassage stärkt das Empfinden für den eigenen Körper, Ihre Sensibilität wird gesteigert und negative Veränderungen in Ihrem Körper wie Schmerzen werden schneller wahrgenommen und können so auch gezielter behandelt werden. Wir bringen Ihnen verschiedene Techniken und konkrete Übungen der Selbstmassage in diesem Kapitel näher. Dazu benötigen Sie lediglich Ihre eigenen Hände oder Sie ziehen Hilfsmittel zur Unterstützung heran.

MASSAGEWERKZEUGE

Selbstmassage kann außer mit den eigenen Händen auch mit verschiedenen Massageutensilien ausgeführt werden. Diese sind in vielen Fällen von Vorteil für die Selbstmassage: Schwer erreichbare Stellen wie der Rücken können besser massiert werden und die eigenen Finger werden vor einer Überlastung geschont.

DER MASSAGEBALL

Der Ball ist ein praktisches Tool. Wegen seiner geringen Auflagefläche können mit ihm kleine Bereiche präzise behandelt werden. Platzieren Sie einen Korkball oder einen Tennisball zwischen die verspannte Stelle und eine Oberfläche wie Wand oder Boden. Durch langsame und kleine Bewegungen aus den Beinen heraus rollt der Ball in Kreisbewegungen über den verspannten Muskel. Wie stark der Druck auf die Verspannung sein soll, das haben Sie selbst in der Hand: Mithilfe Ihres eige-

nen Körpergewichts regulieren Sie die Intensität. Mit dieser einfach durchzuführenden Methode können besonders gut Rücken, Hüfte und Gesäß, Nacken, Brust, Schultern und Arme massiert werden.

DIE SCHAUMSTOFFROLLE

Immer mehr Menschen entdecken die Schaumstoffrolle als Helfer für die Selbstmassage – eine echte Alternative! Mit ihr können großflächig der ganze Rücken, aber auch Beine, Gesäß, Hüfte, Arme und Nacken massiert werden. Dazu platzieren Sie die Rolle auf dem Boden und legen sich mit dem Rücken darauf. Durch wiederholtes Auf- und Abrollen werden die Muskeln massiert und die Durchblutung wird angeregt. Auch auf das Bindegewebe, bestehend aus Faszien, hat die Massage mit der Rolle einen positiven Effekt. Verklebte und verhärtete Faszien sind nämlich häufig die Ursache körperlicher Schmerzen, wie neueste Erkenntnisse zeigen. Dem können Sie mit der Schaumstoffrolle entgegenwirken!

Zwei Massagewerkzeuge haben wir vorgestellt. Es gibt noch viel mehr. Welches für Sie optimal wirkt, hängt mit dem gewünschten Effekt, dem Anwendungsgebiet und der persönlichen Vorliebe zusammen. In vielen Fällen können Sie auch zwischen mehreren Härtegraden wählen, sodass Sie für Ihre Bedürfnisse das perfekte Tool finden.

MIT DEN EIGENEN HÄNDEN

Mindestens ebenso effektiv sind die eigenen Hände. Sie stellen nicht nur das unkomplizierteste und „günstigste" Massagewerkzeug dar, mit ihnen kann auch am präzisesten gearbeitet werden. Im Ertasten verhärteter Stellen sind Sie sensibler und genauer, wenn Sie die eigenen Finger dazu benutzen. Allerdings ist bei der Selbstmassage mit den eigenen Fingern auch Vorsicht geboten: Seien Sie nicht nur bezüglich der Schmerzen im massierten Bereich, sondern auch gegenüber eventuell auftretender Schmerzen in der massierenden Hand aufmerksam! Halten Sie am besten die Massageeinheiten möglichst

kurz und gönnen Sie Ihren Fingern zwischendurch immer mal wieder die eine oder andere Pause.

DIE RICHTIGE TECHNIK

Um mit den eigenen Händen zu massieren, können Sie aus verschiedenen Techniken wählen. Die drei mittleren Finger einer Hand (Zeige-, Mittel- und Ringfinger) bilden die erste Variante. Während die eine Hand massiert, sollte mit der anderen der massierende Arm gestützt werden – der wird so entlastet. Des Weiteren kann mit dem Daumen massiert werden. Auch dieser sollte dabei zur Entlastung gestützt werden. Platzieren Sie dazu Ihren Zeigefinger auf der Daumenfläche – so wird verhindert, dass das Daumengelenk durchdrückt. Die dritte Variante stellt die Knöcheltechnik dar: Die Hand wird zur lockeren Faust geballt und die Knöchel auf der Handrückseite zum Massieren verwendet. Lernen Sie hier einige Techniken zur Massage bestimmter Körperregionen kennen, die Sie einfach Zuhause anwenden können.

DO IT YOURSELF: KONKRETE ÜBUNGEN ZUR SELBSTMASSAGE

Warme Muskulatur ist immer ein guter Ausgangspunkt für eine Massage. Machen Sie doch vor der Selbstmassage einen Saunagang oder nehmen Sie ein warmes Bad! Damit erwärmen Sie Ihre Muskulatur, machen sie weicher und regen ihre Durchblutung an. Um unangenehme Reibung auf Ihrer Haut zu vermeiden, können Sie zu Massageöl greifen. Jede Massage eines Bereiches sollte durch ein abschließendes Ausstreichen von der Körpermitte weg beendet werden. Hören Sie immer auf Ihren Körper und regulieren Sie den Druck so, dass es für Sie angenehm ist.

1. Gesicht
Legen Sie Ihre Hände auf die Stirn und massieren Sie in kreisenden Bewegungen Stirn und Schläfen.

2. Nacken
Positionieren Sie die Hände auf den Schultern und massieren

Hören Sie auf Ihren Körper

Sie in kleinen Kreisbewegungen vom unteren Haaransatz den Nacken bis zum Schultergürtel hinunter und wieder herauf, immer seitlich an der Wirbelsäule entlang.

3. Schulter

Legen Sie Ihren Handballen der rechten Hand auf Ihrem linken Schlüsselbein ab, um mit den drei mittleren Fingern oder nur mit dem Mittelfinger Ihre Schulter-Nacken-Muskulatur zu kneten. Dazu machen Sie langsame Kreisbewegungen mit den Fingern in dem verspannten Bereich. Für die rechte Schulter nehmen Sie den linken Arm und verfahren genauso.

4. Arme und Hände

In langen Zügen streichen Sie von der Hand zur Schulter hoch und wiederholen dies auf beiden Seiten mehrmals.

5. Rücken und Gesäß

Klopfen Sie mit Ihren Händen, locker zu Fäusten geballt, im Lenden- und Gesäßbereich seitlich der Wirbelsäule entlang.

6. Füße und Beine

Auch hier streichen Sie in langen Zügen von den Füßen hoch zur Hüfte.

7. Brustkorb

Mit lockeren Fäusten klopfen Sie leicht auf Ihren Brustkorb. Das löst nicht nur Verspannungen, sondern lässt Sie auch freier und unbefangener atmen: Dazu erst tief einatmen, um die Rippen zu weiten, und beim lauten Ausatmen durch den Mund den Brustkorb überall abklopfen. Das mehrmals wiederholen.

8. Bauch

Massieren Sie in kreisenden Bewegungen im Uhrzeigersinn um den Bauchnabel herum. Das unterstützt die natürliche Darmbewegung und regt die Verdauung an. Verstopfungen können so gelindert oder vorgebeugt werden.

AKUPRESSUR: WOHLBEFINDEN DURCH GEZIELTE HANDGRIFFE

Diese aus der traditionellen chinesischen Medizin stammende Methode bezeichnet ein Heilverfahren, bei dem je nach Beschwerde und gewünschtem Effekt bestimmte Punkte im Körper gedrückt werden. Dabei gibt es für jedes Leiden eine oder mehrere Stellen auf der Haut, die diesem fest zugeschrieben sind; Drücken der Stelle kann Linderung bewirken oder Beschwerden vorbeugen. Mit der richtigen Anleitung kann diese Methode auch selbst angewendet werden. Um Ihnen einen Eindruck dieser traditionellen chinesischen Heilmethode zu verschaffen, führen wir Ihnen hier ein paar klassische Beschwerden auf, die mit Akupressur gemildert oder beseitigt werden können.

Generell gilt, dass Akupressur am besten in einem entspannten Zustand und liegend oder sitzend durchgeführt wird. Als Massagewerkzeuge können Daumen, Zeige- oder Mittelfinger dienen. Auch bei dieser Technik der Selbstmassage müssen Sie gut auf Ihren Körper horchen und sich genau mit ihm auseinandersetzen, um die richtigen Punkte zu finden und sie mit dem richtigen Druck zu behandeln. Ob Sie den gesuchten Punkt gefunden haben, erkennen Sie meist an einer gesteigerten Schmerzempfindlichkeit an dieser Stelle. Das erfordert jedoch etwas Übung. Seien Sie also nicht enttäuscht, wenn Sie nicht immer auf Anhieb den entscheidenden Punkt treffen – massieren Sie dann einfach in dem angegebenen Bereich.

1. Gegen Konzentrationsschwäche und Müdigkeit

Massieren Sie beide Ohrläppchen mit Daumen und Zeigefinger und ziehen Sie leicht an ihnen. Ist ein Punkt sehr empfindlich, drücken Sie 30 Sekunden nur leicht, ist er weniger empfindlich, genügen 10-15 Sekunden stärkeren Druckes.

2. Gegen Kopfschmerzen

Üben Sie mit Daumen und Zeigefinger Druck auf Ihren Nasenrücken aus. Drücken Sie außerdem in die Vertiefungen hinter

den Ohren und massieren Sie den Punkt direkt über den Augenbrauen. Des Weiteren kann der Druck auf die Pulsstelle des inneren linken Handgelenks helfen. Dauer: wieder 10-15 Sekunden bei intensivem Druck; bei einer leichten Massage erhöhen Sie die Dauer auf 30 Sekunden.

3. Gegen Schlafstörungen und Einschlafprobleme

Außen unterhalb der Kniescheiben drücken und auf die Mitte der Schädeldecke 5 Sekunden lang mit dem Finger Druck ausüben. Auch hinter den Kiefergelenken unter den Ohren kann gedrückt werden. Abgesehen von der Schädeldecke, werden die anderen Punkte wieder 10-15 Sekunden bei intensiver Massage und 30 Sekunden bei weniger starker Bearbeitung gedrückt.

4. Gegen Schluckauf

Außen unter den Kniescheiben mit kreisenden Bewegungen massieren und in die äußerste Vertiefung unterhalb der Schlüsselbeine drücken. Auch hier gilt: 10-15 Sekunden bei intensiver Massage, bei leichtem Druck 30 Sekunden.

UNSERE HAUT: EIN UNTERSCHÄTZTES SINNESORGAN

Die Haut ist mit knapp zwei Quadratmetern Fläche unser größtes und auch funktionell vielseitigstes Sinnesorgan. Überzogen von einem riesigen Netz aus Nervenzellen und geschätzt 800 Millionen Rezeptoren macht jede Berührung etwas aus. Wohlfühlhormone werden produziert, Stress, Angst und Verspannungen gemindert. Auch auf die Lernfähigkeit, die Durchblutung und sogar das Immunsystem haben Berührungen auf der Haut einen positiven Einfluss. An diesem Punkt setzt die Abhyanga-Selbstmassage aus der traditionellen indischen Heilkunst des Ayurveda an.

DIE TECHNIK DER AYURVEDISCHEN ABHYANGA-SELBSTMASSAGE

Für diese Massage-Technik wird viel Massageöl benötigt, da der ganze Körper massiert werden und am Ende von einer reichhaltigen Ölschicht überzogen sein soll. Dazu erwärmen Sie etwa 40 ml Öl und füllen es in ein Behältnis um, in dem es warm gehalten wird. Nehmen Sie sich für jede neue Stelle auch neues Öl und wenn das Öl langsam versiegt, nehmen Sie noch mehr. Die Selbstmassage beginnt auf dem Kopf und endet bei den Füßen.

1. Kopf

Beginnen Sie damit, ein paar Tropfen Öl auf Ihren Mittelscheitel zu geben. Massieren Sie nun Ihre Kopfhaut in kreisenden Bewegungen bis zu Ihren Ohren hinunter. Mit neuem Öl setzen Sie am unteren Haaransatz an und massieren entlang des Hinterkopfes bis zu den Ohren. Zum Schluss klopfen Sie mit den Fingerspitzen leicht über den gesamten Kopf und streichen ihn nach außen hin aus.

2. Gesicht

Massieren Sie Ihre Stirn mit eingeölten Fingerspitzen in kreisenden Bewegungen von innen nach außen. Streichen Sie danach in horizontalen Linien über das ganze Gesicht von innen nach außen.

3. Hals und Nacken
Streichen Sie vom hinteren Haaransatz aus abwärts und schräg nach vorne, bis Sie zur Mitte Ihres Schlüsselbeins gelangen und wiederholen Sie diese Bewegung mehrmals.

4. Arme
Verteilen Sie mit der rechten Hand etwas Öl auf ihrer linken Schulter und massieren Sie von dort aus mit kreisenden Bewegungen hinunter bis zum Handgelenk. Streichen Sie die Muskeln des Ober- und Unterarms nach außen hin aus und beginnen Sie erneut bei der Schulter. Zum Schluss noch einmal den gesamten Arm von oben bis unten ausstreichen und mit der linken Hand an der rechten Schulter beginnen.

5. Hände
Vom äußeren Handgelenk ausgehend streichen Sie über den Handrücken und widmen sich darauf jedem Finger einzeln. Dazu streichen Sie an dem einzelnen Finger entlang, bis Sie bei der Fingerspitze angekommen sind. Den Finger leicht drehen und an ihm ziehen. Sind Sie jeden Finger durchgegangen, be-

ginnen Sie, mit dem Daumen Ihre Handinnenfläche auszustreichen – vom Handballen bis zu den Fingeransätzen. Verfahren Sie genauso mit der anderen Hand.

6. Oberkörper

Massieren Sie von der Schulter über die Brust bis zum Ende der Rippen in großen kreisenden Bewegungen. Ihren Bauch massieren Sie von Ihrem Bauchnabel ausgehend im Uhrzeigersinn spiralförmig nach außen. Wenden Sie sich danach Ihrem Rücken zu, indem Sie vom Steißbein aus an der Wirbelsäule entlang hochmassieren. Denken Sie dabei auch an den seitlichen Rücken.

7. Beine und Füße

Massieren Sie ihre rechte Gesäßhälfte mit großen kreisenden Bewegungen im Uhrzeigersinn und gehen Sie langsam am rechten Bein hinunter. Dabei können Sie beide Hände zur Hilfe nehmen; mit der einen Hand massieren Sie die Oberschenkelinnenseite, mit der anderen die Außenseite. Dann wird die Vorderseite des Unterschenkels ausgestrichen und es werden sanfte Kreise um die Kniescheibe gezogen. Streichen Sie hinunter bis zur Ihren Knöcheln und umkreisen Sie auch diese mit Ihren Händen. Von dort aus wird das Bein wieder hinaufmassiert, über die Achillesferse zur Wade, zur Kniekehle und zurück zum Oberschenkel. Das Gleiche machen Sie mit Ihrem anderen Bein. Zum Schluss widmen Sie sich Ihren Füßen. Dabei streichen Sie zunächst über den Spann bis zu den Zehen und kneten zwischen den einzelnen Fußknochen. Mit den Zehen gehen Sie vor, wie Sie das bereits mit den Fingern gemacht haben: einzeln massieren, leicht ziehen und drehen. Mit dem restlichen Öl können Sie nun Ihre Fußsohlen einreiben und die Seiten der Füße massieren.

8. Abschluss

Nehmen Sie zum Schluss je einen Tropfen Öl auf Ihre kleinen Finger oder Ringfinger und streichen damit leicht ins Ohr und in Ihre Nasenlöcher. Der ganze Körper ist nun von einer glänzenden und wohltuenden Ölschicht überzogen. Das Öl sollte überall verteilt und noch nicht eingezogen sein – nur so kann die ayurvedische Selbstmassage ihre entschlackende und ent-

giftende Wirkung voll entfalten. Lassen Sie das Öl weitere 15-25 Minuten einwirken. Das Ritual wird mit einer gründlichen Reinigung des Körpers mit möglichst heißem Wasser und einer milden Seife (oder traditionell mit einer Paste aus Kichererbsenmehl, Wasser und Milch) vollendet.

SENSIBILITÄT FÜR DEN EIGENEN KÖRPER

Diese Ayurveda-Selbstmassage sorgt nicht nur für tiefe Entspannung und eine gesteigerte Sensibilität für den eigenen Körper, sondern sogar für eine Entschlackung und Entgiftung desselben. Bei diesem ayurvedischen Ritual geht es nicht darum, konkrete Verspannungen zu beseitigen. Hier stehen die Auseinandersetzung mit dem eigenen Körper und vor allem Wohlbefinden und Entspannung im Vordergrund. Probieren Sie es ruhig aus! Sie werden merken, wie entspannt Sie nach der Abhyanga-Massage sind und wie wohl Sie sich in Ihrem eigenen Körper fühlen. Gönnen Sie sich die Zeit nur für sich selbst.

> **WICHTIG!**
> Wird bei der Selbstmassage keine Besserung der Symptome erlangt oder liegen orthopädische Probleme zu Grunde, sollte ein Experte aufgesucht werden. Bei infektiösen Krankheiten, Entzündungen und Fieber sowie bei Schwangerschaft, Diabetes, Bluthochdruck und Herz-Kreislauf-Problemen wird von Selbstmassage abgeraten.

Klangmassage

Klein oder groß, niedrig oder hoch, gerade oder gewölbt: Die Schalen aus Metall für Klang sowie Massage haben unterschiedliche Gestalt; darum klingen und vibrieren sie verschieden. Ihre Herkunft kann nicht eindeutig belegt werden. Man nimmt an, dass Klangschalen aus dem Gebiet des heutigen Tibet stammen. Entweder wurden sie als Küchenutensil verwendet oder als Opferschale. Wozu auch immer: sie klingen. Und darauf kommt es an.

Neben ihrer Bedeutung im Bereich der Esoterik werden die metallischen Gefäße für Wellness-Anwendung sowie beim Yoga eingesetzt. Über die Akustik können Sie die erste Beziehung zur Klangschale aufbauen. Bald kommen Übungen zur Körpermassage hinzu.

> **SMART-INFO**
> Massage durch Klang: Das „klingt" ungewöhnlich, wird aber global praktiziert. Dafür schlägt man metallische Schalen, die nah am Körper platziert sind, an. Der erzeugte Schall versetzt die Muskulatur in sanfte Vibration. Parallel tragen wohltuende Klangwelten zur Entspannung bei.

MASSAGE AUF ZELLEBENE

Der Körper besteht zum größten Teil aus Wasser und darauf setzt die Klangmassage. Therapeuten und Nutzer sind überzeugt, dass die Vibration der Schalen die Zellflüssigkeit in Schwingung versetzt. Verspannungen werden gelöst, Entspannung tritt ein. Lernen Sie selber mit den folgend erklärten Übungen die Klangmassage kennen oder gönnen Sie sich eine Behandlung in einer entsprechenden Praxis.

WOHLKLANG TRIFFT WOHLBEFINDEN

Metallisch glänzend wirkt eine Klangschale schon optisch attraktiv. Töne entlocken Sie ihr mittels Reiben oder Anschlagen mit einem Klöppel. Der Fachbegriff lautet „schlägeln". Steigen Sie mit einer Schale ein. Mehr ist nicht notwendig, um in den entspannenden Genuss zu kommen. Variationen ergeben sich aus dem gleichzeitigen Einsatz von zwei Schalen. Lassen Sie sich beraten, welche Schale für welchen Körperbereich geeignet ist.

Greifen Sie morgens nicht zur Zeitung oder zum Tablet ... nehmen Sie stattdessen die Klangschale...

GEZIELTE ENTSPANNUNG

Übung im Sitzen:

- Rollen Sie eine Matte auf dem Fußboden aus.
- Platzieren Sie das Instrument etwas erhöht, damit Sie sich nicht krumm machen müssen. Wählen Sie einen weichen Untergrund wie Filz.
- Setzen Sie sich bequem im Schneidersitz davor.
- Schlägeln Sie die Schale sanft mit dem Klöppel an und finden Sie Ihren eigenen gleichmäßigen Rhythmus. Schlägeln Sie erneut, wenn der Ton verklungen ist.
- Variieren Sie die Haltung. Nehmen Sie dafür die Schale auf die flache Hand, so als würden Sie ein Tablett balancieren. Schlägeln Sie wieder regelmäßig die Schale an. Spüren Sie, wie die Vibration sanft durch Ihre Hand läuft. Lauschen Sie den Tönen.
- Setzen Sie jetzt die Klangschale auf Ihre Fingerspitzen. Der Arm bleibt angewinkelt in der vorhergehenden Position. Was passiert jetzt? Verändert sich das Gefühl der Vibration? Sie schalten ab und konzentrieren sich auf Klang und Gefühl.
- Es geht in dieser Position weiter: Schlägeln Sie an und führen Sie die Schale in Form einer vertikalen Acht vor Ihrem

Gesicht her. Die Gesichtsmuskulatur nimmt den Schall als Vibration auf und entspannt.

- ❋ Beugen Sie sich nun soweit vor, dass Sie die Schale im Nackenbereich platzieren können. Der Klöppel ist so lang, dass Sie die Schale in dieser Position erreichen und anschlägeln können.
- ❋ Richten Sie sich wieder auf und setzen Sie die Schale auf Ihr linkes Knie. Mit den Fingern der linken Hand stützen Sie das Gefäß. Mit der rechten Hand schlägeln Sie sanft an. Wechseln Sie die Schale jetzt auf das Gelenk des rechten Fußes, den Sie aus dem Schneidersitz lösen und schlägeln Sie an. Wiederholen Sie diese Übung mit der anderen Körperhälfte.

Übung im Liegen:

- ❋ Strecken Sie sich auf dem Rücken liegend auf der Matte aus. Betten Sie den Kopf in angenehmer Position auf ein Kissen.
- ❋ Platzieren Sie Ihre Klangschale auf Ihrer Körpermitte.
- ❋ Atmen Sie ruhig in den Bauch.
- ❋ Schlägeln Sie sanft und regelmäßig die Schale an.

Wenn Sie etwas Praxis haben, schließen Sie gerne die Augen während der einzelnen Phasen der Übung. Entscheiden Sie selber, wie oft Sie die Schale anstimmen pro Einheit des Übungsverlaufs. Spüren Sie ein Ankommen bei sich selbst. Springen Sie nach dem Ende der Übung nicht gleich auf, sondern lassen Sie sich Zeit und genießen Sie die Entspannung.

SANFT IN DEN TAG STARTEN

Greifen Sie morgens nicht zur Zeitung oder zum Tablet ... nehmen Sie stattdessen den Klöppel zur Hand und schlägeln Sie die Klangschale für eine kurze Besinnung. Es bedarf keines Aufwandes. Setzen Sie sich einfach an den aufgeräumten Küchentisch. Während Sie in Ihrem Rhythmus die Klänge erzeugen, planen Sie Ihren Tag: Was steht an und wie möchten Sie agieren? Wen möchten Sie treffen? Was möchten Sie erleben? Sie stimmen sich im wahrsten Sinn des Wortes auf den Tag ein und beginnen ihn entspannt.

> **WICHTIG!**
> Die Anwendung von Klangschalen ersetzt nicht den Besuch beim Arzt, wenn Sie Beschwerden jedweder Art haben.

Geführte Entspannung

LASSEN SIE SICH MAL RICHTIG VERWÖHNEN: DURCH MASSAGE ODER SANFTE BERÜHRUNGEN. ODER ERFAHREN SIE, WIE ERFÜLLEND ES SEIN KANN, EINER ANDEREN PERSON EINE WOHLFÜHLMASSAGE ZU SPENDIEREN. AUCH AROMEN UND IMAGINATION SPIELEN IN DIESEM KAPITEL EINE ROLLE. LASSEN SIE SICH POSITIV ÜBERRASCHEN.

Massage

Sie kennen das: Nach langer Gartenarbeit greifen Sie sich an die Schulter und massieren die verspannte Stelle. Die Wanderung war schön, aber auch anstrengend. Jetzt tut es gut, die Füße zu kneten. Dieses unbewusste Handeln zeigt, dass Massage zu den ältesten Entspannungstechniken der Menschheit gehört. Überschreiten die Beschwerden ein Zwicken, sollten sie einen Arzt oder Physiotherapeuten aufsuchen. Der wird dann eine medizinische Massage verordnen oder empfehlen. Dabei werden zum Beispiel muskuläre Verspannungen gelöst – das ist eine intensive und oft auch schmerzhafte Erfahrung, die für die Genesung jedoch erforderlich sein können.

Eine besondere Form der Entspannung ist die Wohlfühlmassage. Speziell Stressgeplagte profitieren von Ganzkörpermassage sowie Teilmassage, die in der Arbeitspause hilft. Wer selber massiert, spendet Wohlbefinden und erhält Dankbarkeit.

SMART-INFO

Eingeschränkte Beweglichkeit nach Erkrankung oder Verletzung kann durch die medizinische Massage verbessert oder wieder hergestellt werden. Sie gehen dann zu einem professionellen Masseur oder Physiotherapeuten. Als Wellness dient die Massage beispielweise Zuhause. Massiert werden oder selber massieren: Die aufmerksame Zuwendung durch Streicheln, Kneten und Klopfen des Körpers sorgt für Entspannung.

MASSAGE FÜR ZUHAUSE

Ganz unkompliziert lassen sich Vorkehrungen treffen und grundlegende Massagegriffe erlernen. Sie werden es genießen, mit einer lieben Person so konzentriert Nähe zu spüren. Starten Sie Ihr gemeinsames Entspannungserlebnis mit einer sorgfältigen Vorbereitung.

Vorbereitung

❋ Richten Sie einen Massageplatz so ein, dass die zu massierende Person bequem liegt und Sie selber Bewegungsfreiheit haben.

❋ Achten Sie auf Hygiene: Frisches Badetuch als Unterlage, lange Haare zusammenbinden, Hände waschen.

❋ Die zu massierende Person kann zuvor duschen oder baden und so die Muskulatur bereits anwärmen.

❋ Schaffen Sie eine entspannte Atmosphäre durch leise Musik und sanftes Licht. Lüften Sie den Raum zuvor und schließen Sie dann die Fenster, damit kein Luftzug stört. Dann sollte der Raum angenehm warm sein.

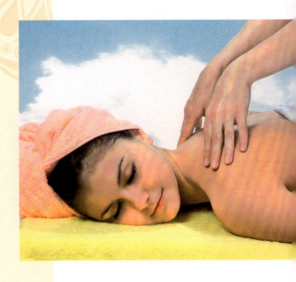

Darauf sollten Sie achten

- Bleiben Sie mit der zu massierenden Person im Kontakt. Druck zu fest oder zu locker? Treten Schmerzen auf? Tut etwas besonders gut? Durch Kommunikation gelingt die Massage richtig gut.
- Massieren Sie den Rücken rechts und links entlang der Wirbelsäule. Auch bei anderen Körperteilen gilt: nie auf den Knochen drücken.
- Arbeiten Sie symmetrisch.
- Ist die Person verletzt, hat sie Wunden oder Krampfadern, verzichten Sie auf die Massage.

Kleine Abfolge für Anfänger

- Benutzen Sie Massageöl. Geben Sie etwas davon in Ihre hohle Hand und verreiben Sie es sorgfältig in beiden Händen. So erwärmt sich das Öl und fühlt sich für die zu massierende Person angenehm an.
- Streicheln Sie die Muskeln zunächst. Geübte Masseure ertasten dabei Verhärtungen. Streicheln Sie immer Richtung Herz.

- ❃ Jetzt kneten Sie die Muskelpartien und lösen die Verspannung. Sie nutzen die Finger und die Hand.
- ❃ Lösen Sie anschließend Verspannungsknoten im tieferen Gewebe. Dabei kommen Fingerkuppen und Daumen zum Einsatz. Anfänger sollten hier Vorsicht walten lassen und mit der zu massierenden Person im Austausch sein. Bei Schmerz sofort aufhören.
- ❃ Ein Abklopfen der Muskeln beschließt die Sitzung.

ANGENEHME VITALITÄT SPÜREN

Sie werden massiert? Dann spüren Sie die Entspannung und das wohlige Gefühl, das durch Ihren Körper zieht. Die Muskeln werden weich, der Blutdruck sinkt, die Atmung beruhigt sich. Auch wenn Sie sich wünschen, dass die Berührung nie enden soll: Nach rund 30 Minuten ist es so weit. Das Gefühl angenehmer Vitalität wird Sie begleiten. Wechseln Sie sich ab – jeder sollte in den Genuss von Entspannung durch Massage kommen.

> **WICHTIG!**
> Die Wohlfühlmassage ersetzt keine medizinische Massage. Wer gefallen am Massieren findet, sollte einen entsprechenden Kursus belegen.

Aromatherapie

Liebe geht durch den Magen, Entspannung durch die Nase – so könnte man die Wirkung von Aromen auf Körper und Geist beschreiben. Sie nehmen einen Duft mittels Riechschleimhaut auf. Diese Impulse gelangen über die Nervenbahnen in Gehirnregionen, die Emotionen regeln. Dort entscheidet sich, ob der Duft positiv oder negativ auf die Psyche wirkt. Duftstoffe sind chemisch komplexe Gebilde, die noch erforscht werden – speziell für Heilkunde und Medizin. Hier ist der Begriff „Aromatherapie" eigentlich angesiedelt; er findet jedoch im Bereich von Wellness und Wohlbefinden immer wieder Verwendung.

ECHT DUFTE!

Geht es um Wohlbefinden, vertrauen Sie einfach Ihren ganz persönlichen Eindrücken. Diese Wirkungen werden folgenden bekannten Düften zugeschrieben:

SMART-INFO

Wenige Handgriffe und Sie schaffen mittels Duftkerzen oder -lampen eine entspannte Atmosphäre. Wer mag, nimmt ein duftendes Entspannungsbad. Je nach Herkunft wirken Düfte unterschiedlich: von vitalisierend bis beruhigend. Sie entscheiden situativ, was Ihnen gerade gut tut.

LAVENDEL

➠ wirkt sowohl ausgleichend als auch anregend. Bei unruhigem Schlaf träufeln Sie einige Tropfen auf Ihr Kopfkissen.

MELISSE

➠ wirkt harmonisierend.

GERANIE

➠ entspannt bei Stress und Erschöpfung.

BERGAMOTTE

➠ belebt und hebt die Stimmung.

ROSE

➠ hellt das Gemüt auf.

ROSMARIN

➠ tut gut bei Migräne, Stress und Erschöpfung.

FICHTENNADEL

➠ wird als Badezusatz geschätzt; sie hilft gegen Lustlosigkeit und Nervosität.

KAMILLE

➠ beruhigt Körper und Geist.

ANIS

➠ ist geeignet für überreizte und gestresste Personen.

VANILLE

➠ sorgt für eine angenehm warme Atmosphäre.

Vertrauen Sie Ihren ganz persönlichen Eindrücken

AUF DIE QUALITÄT KOMMT ES AN

Greifen Sie als Einsteiger zu reinen Düften. So schärfen Sie Ihre Sinne und finden heraus, welche Duftrichtung Ihnen gut tut. Später können Sie im Fachhandel eine persönliche Duftmischung herstellen lassen. Wenn Sie mit der Materie vertraut sind, erkennen Sie qualitative Unterschiede, die sich in der Regel auch im Preis ausdrücken. Gönnen Sie sich hochwertige Öle, die Sie umhüllen und entspannen. Sie haben einen „grünen Daumen"? Glückwunsch! Rosenöl lässt sich bespielweise ganz entspannt selber machen.

❋ Nehmen Sie sechs bis acht Rosenblüten, die nicht mit Pestiziden behandelt wurden. Die Blätter waschen und über Nacht auf einem Küchentuch trocknen lassen.
❋ 500 Milliliter Mandelöl in einem Topf leicht erwärmen.
❋ Blüten in ein Weckglas geben und mit dem Öl sorgfältig übergießen. Zwei bis vier Wochen in gleichbleibender Wärme stehen lassen.
❋ Zum Schluss das Öl durch ein Küchentuch abseihen und in Fläschchen füllen.

WICHTIG!
Welche Öle für die Berührung mit der Haut geeignet sind, erfahren Sie im Fachhandel. Allergiker sollten sich ärztlich beraten lassen vor der Verwendung von Aromen. Beachten Sie die empfohlene Dosierung, um toxische Nebenwirkungen zu verhindern. Kinder, Schwangere und geschwächte Menschen sollten bei der Verwendung von Duftstoffen vorsichtig sein.

Fantasiereise

SMART-INFO

Für Ihre Fantasiereise ist nicht mehr und nicht weniger nötig als Zeit, Konzentration auf das eigene Befinden und jemand, der Sie mit Sprache führt. Durch das Gesprochene wird Ihre Vorstellung angeregt. Sie begeben sich auf eine Reise in die Fantasie. Während dieser Übung reduziert sich Ihre Muskelspannung. Sie tauchen mit den Gedanken ab und finden so Entspannung.

Fantasiereisen dienen im Allgemeinen der Entspannung. In bestimmten Fällen werden sie in der Verhaltenstherapie eingesetzt. Nutzen Sie Audioquellen für eine Reise, die Sie alleine unternehmen, oder lassen Sie sich durch persönliches Vorlesen anregen – das funktioniert natürlich auch in der Gruppe. Sie möchten die Imagination, wie es auch heißt, einfach zur Entspannung im Alltag einmal ausprobieren? Wie eine Reise in den Urlaub braucht auch Ihre Reise in die Fantasie etwas Vorbereitung. Die Entdeckungstour ins eigene Ich sollte eingeleitet werden. Schaffen Sie eine ruhige und wohltuende Umgebung: keine störenden Geräusche und gedämpftes Licht sowie frische Luft sind angeraten. Richten Sie Ihre Wahrnehmung nach innen.

- ❋ Legen Sie sich entspannt auf eine Unterlage.
- ❋ Stellen Sie die Füße locker auf.
- ❋ Folgen Sie den Anweisungen des Sprechers oder geben Sie sich selber Hinweise.

- ✽ Diese Anweisungen werden ruhig gesprochen. Es gibt zwischen den Sätzen je eine Pause von circa drei Sekunden.
- ✽ Die Hinweise beziehen sich auf Ihr Körperempfinden. Konzentrieren Sie sich von den Füßen bis zum Kopf auf Ihre Körperpartien oder Sie achten auf Ihre Atmung. Die Reise kann beginnen.

IHR TICKET INS LAND DER ENTSPANNUNG

Fantasiereisen dienen der Entspannung und spielen darum oft in der Natur. Sie wandern an einem Fluss entlang zur Quelle. Sie spazieren von einer Kate durch Dünen zum Meer. Sie besteigen ein Floß und gleiten an Landschaftsformationen vorbei in ein Dorf. Kleinigkeiten entlang des Weges werden im Detail beschrieben: Farben, Formen, Gerüche, Geräusche. Sie konzentrieren sich darauf, aus den gesprochenen Worten in Ihrer Vorstellung Bilder zu formen – ja, mit Ihren Sinnen die Einzelheiten zu spüren. Sie werden auch aufgefordert, Ihre Atmung zu beobachten. Das macht die Entspannung aus.

Schaffen Sie eine ruhige und wohltuende Umgebung

Neben realistischen Reisen gibt es solche, die wirklich fantastisch sind: Sie tauchen mit Schildkröten in der Karibischen See (ohne Sauerstoffgerät), Sie rauschen ins Universum (ohne Rakete), Sie fliegen mit den Kranichen (ohne Flügel). Nach zwanzig bis dreißig Minuten treten Sie in die Rückholphase ein. Sie sind angekommen. Jetzt bewegen Sie sanft Hände und Füße, halten dabei die Augen noch geschlossen. Sie strecken sich und kommen entspannt in Ihre Realität zurück.

ABGESTIMMT AUF LEBENSPHASEN

Es macht Sinn, die Texte für Fantasiereisen je nach Zielgruppe zu wählen. Kinder, Jugendliche, Erwachsene, Schwangere oder Senioren reagieren unterschiedlich beziehungsweise haben verschiedene Bedürfnisse. Anfänger brauchen andere Anregungen als geübte Fantasiereisende. Es ist gut, die passenden Impulse für die Vorstellung zu geben, damit Entspannung gelingt.

WICHTIG!
Bei akuten Psychosen ist von Fantasiereisen abzuraten.

Kuschelparty

SMART-INFO
Kuscheln ist eine entspannende Variante von körperlichem Kontakt. Bei geleiteten Kuschelpartys treffen sich Unbekannte zu diesem körperlichen Genuss. Dabei gibt es klare Regeln für den Umgang. Eine Option, die Ihnen einfach und entspannt mehr Wohlbefinden gibt, wenn Sie sich darauf einlassen wollen.

Bereits seit 2004 gibt es Kuschelpartys – mittlerweile weltweit. Erfunden hat sie der Sexualtherapeut Reid Mihalko mit seiner Partnerin, der Beziehungsberaterin Marcia Baczynski in New York. Ihre Idee war, existierenden Beziehungen wieder sinnliche Impulse zu geben. Zum Proben luden sie Freunde in ihr Appartement ein und schufen eine neue Form der Geselligkeit. Die Menschen der Megacity sehnten sich wohl danach: Singledasein durch fehlende familiäre Bindungen und hohen beruflichen Druck hatten das sinnliche Miteinander in den Hintergrund gedrängt.

ZEIT UND RESPEKT MITBRINGEN

Im Schnelldurchlauf ist eine Kuschelparty nicht zumachen. Rund drei Stunden sollten Sie schon einplanen. Mit Fremden eine vertrauensvolle Atmosphäre aufzubauen, braucht angemessen viel Zeit und eine professionelle Leitung. Apropos Fremde: genau darin liegt der Kern des Ganzen. Wer Freunde hat, trifft sich, begrüßt sich mit Umarmung, es gibt natürliche Berührungen wie Knuffen, Drücken, Küsschen auf die Wange. Menschen, die das nicht haben aber erleben wollen, treffen Sie voraussichtlich auf Kuschelpartys. So bereiten Sie sich auf das ungewöhnliche Entspannungserlebnis zuhause vor:

- Machen Sie sich frisch, am besten kurz duschen
- Hände und Füße pflegen
- Zähne putzen oder für einen frischen Atem sorgen
- Legen Sie lockere Kleidung an
- Geruchsintensives Essen, wie Aromen von Knoblauch, Zwiebel oder Salami, meiden
- Das Rauchen reduzieren oder unterlassen
- Zuviel Parfum vermeiden

Mit dieser Vorbereitung tun Sie sich selbst schon etwas Gutes und gleichzeitig bringen Sie den anderen Teilnehmern Respekt entgegen.

KUSCHELN MIT SYSTEM

Von Gruppe zu Gruppe variieren die Abläufe, Räumlichkeiten, Rituale. Es gibt jedoch Übereinstimmungen. Damit eine entspannte Atmosphäre entsteht, gibt es zunächst Übungen, die Sie und die Teilnehmer locker machen und mit denen sich alle annähern. Ist körperliche Vertrautheit da, kuscheln Sie. Zu zweit, zu dritt, mit mehreren. Klare Regeln sind der Garant für das Gelingen von Geborgenheit – hier ein paar Beispiele:

- Kein Alkohol, nicht zuvor und auch keine Schnapspralinen
- Keine Drogen
- Kein Sex oder Grabschen
- Kein Küssen
- Um Erlaubnis fragen – Ja ist Ja, Nein ist Nein, Vielleicht ist auch Nein
- Freundlich verabschieden beim Verlassen eines Kuschelpartners

Die Leiter der Kuschelparty wachen aufmerksam über die Einhaltung der Regeln und sind kompromisslos.

WAS BEIM KUSCHELN PASSIERT

Ganz selbstverständlich herzen wir Babys und Kinder. Das fördert die gute, gesunde Entwicklung. Inzwischen ist bekannt, dass auch ältere Menschen Berührung brauchen für ihr Wohlbefinden. Wird Ihr Tastsinn stimuliert, sinkt der Spiegel des Stresshormons Cortisol und das Immunsystem wird gestärkt. Sie entspannen durch sanftes Kuscheln. Dabei beruhigen sich Herzschlag, Atmung und Blutdruck.

Es gibt Gruppen für Männer und Frauen sowie welche für Menschen bestimmter Altersgruppen. Inzwischen hat sich ein ähnlicher Trend entwickelt: das pädagogische Raufen. Scheinbar unbekümmert wird miteinander gerangelt; Sie kennen es von Kindern oder Jungtieren. Unter Anleitung kommt das Raufen besonders bei Mädchen und Frauen gut an. Sie spüren, setzen und respektieren auf diese körperliche Weise Grenzen. Dynamische Entspannung – eine Alternative für Sie?

> **WICHTIG!**
> Kuschelpartys sind kein Therapieersatz. Bei psychischen und seelischen Störungen, insbesondere im Zusammenhang mit körperlicher Berührung, klären Sie den Besuch einer Kuschelparty mit Ihrem Arzt.

Ausgleichende Tätigkeiten

DAS GUTE LIEGT OFT SO NAH: AUSGLEICHENDE TÄTIGKEITEN SIND MEIST GANZ EINFACH ZU REALISIEREN. OB ALLEINE ODER IN DER GRUPPE KÖNNEN SIE PRIMA ABSCHALTEN BEI HANDARBEIT, TANZ UND SPIEL. DAS WÄRE DOCH GELACHT: JA, LACHEN GEHÖRT AUCH DAZU.

Sport

Gehen – das ist die einfachste und natürliche Art für den Menschen, sich fortzubewegen. So rechte Aufmerksamkeit geben wir dem erst, wenn es zu Einschränkungen kommt. Dabei hilft bewusstes Gehen, uns regelrecht in Schwung zu halten. Starten wir ins Thema Sport also ganz simpel. Insbesondere Menschen mit einer sitzenden Tätigkeit können auf den nächsten Seiten ein paar Tipps entdecken.

„GEHT DOCH": EIN PAAR TIPPS FÜR BEWUSSTES GEHEN

Entspanntes Gehen und Laufen funktioniert nicht nur durch die Bewegung von Beinen und Füßen. Der gesamte Körper sollte aktiv sein. Die Schwerkraft kann als Auslöser für den nächsten Schritt genutzt werden; sie muss nicht mühevoll überwunden werden. Probieren Sie Folgendes aus:

> **SMART-INFO**
> Entspannung sollte nicht mit Rumsitzen verwechselt werden. Ausdauernde Bewegung baut Stresshormone ab. Vor allem Menschen, die sich im Beruf wenig bewegen, können durch Sport zu Entspannung gelangen.

- ❋ Schuhe ausziehen.
- ❋ Die Füße beckenbreit aufstellen.
- ❋ Das Körpergewicht gleichmäßig auf beide Füße verteilen.
- ❋ Den Körperschwerpunkt leicht nach vorne verlagern und sich dabei auf einen Punkt des Fußballens konzentrieren, der zwischen großer und zweiter Zehe liegt.
- ❋ Sie haben das Gefühl, dass Sie am Scheitel diagonal nach vorne gezogen werden.
- ❋ Um die Bewegung zu starten, jetzt leicht auf den Ballen und Zehenspitzen wippen.

Sie können so den neuen, nach vorne orientierten Schwerpunkt verinnerlichen. Der Gang strebt nach vorne – und da wollen wir ja alle hin. Er wird aufrechter und offener. Durch die leicht vorgeneigte Körperachse löst die Schwerkraft den nächsten Schritt aus, nicht die Körperkraft. Jetzt „geht´s los". Bitte Folgendes beachten:

- ❋ Die Schultern locker lassen; sie bewegen sich fließend mit dem Schritt. Die linke Schulter bewegt sich gegen den

rechten Fuß, die rechte Schulter gegen den linken Fuß. Sie dürfen die Schultern auch leicht rotieren.

❋ Das Becken macht ebenfalls leicht rotierende Bewegungen. Es folgt dem Schritt: rechtes Becken kreist mit dem rechten Fuß vor, linkes Becken kreist mit dem linken Fuß vor.
❋ Den Beckenboden und den unteren Bauch ganz leicht anspannen – wirklich nur leicht, sodass die Spannung zum Gehen passt.
❋ Die Schritte sind eher kurz und schnell, denn lang und wuchtig.
❋ Die Arme winkeln Sie leicht an. Sie schlenkern nicht, sondern werden bewusst geführt. Sie schwingen kontrolliert mit den Armen parallel zum Körper.
❋ Die Hände sind leicht geöffnet.
❋ Der Atem fließt gleichmäßig und findet harmonisch zum Gang im eigenen Rhythmus.

Üben Sie das bewusste Gehen beim nächsten Spaziergang durch den Park, im Wald oder wenn Sie abends eine Runde um den Block drehen. Auf der Wiese oder zu Hause sollten Sie die

Schuhe für die Sensibilität auf jeden Fall auslassen; auf anderem Untergrund könnten Sie sich verletzen.

Wahrscheinlich kommt es Ihnen selber so vor, als sähe Ihr Gang jetzt komisch aus. Und es ist okay, wenn Sie etwas übertreiben. Auf diese Weise werden Sie sich der runden, fließenden, zielgerichteten Gehbewegung bewusst. Auf Ihren alltäglichen Wegen – im Büro, durch den Supermarkt, zur Bahnhaltestelle – finden Sie zu einem leichteren, entspannten Gang, der weniger Kraft kostet.

Die Idee zu dieser Übung basiert auf den Erkenntnissen von Moshé Feldenkrais (1904-1984). Seine Methode ist ein körperorientiertes, pädagogisches Verfahren zur verbesserten Selbstwahrnehmung, welche nicht nur als Entspannungstechnik, sondern auch zur medizinischen Rehabilitation und in der Sportmedizin eingesetzt wird. Und sonst empfiehlt sich für die Beweglichkeit: lieber die Treppe nehmen statt den Aufzug oder mal eine Station früher bei der Busfahrt aussteigen und zu Fuß gehen.

LÄUFT!

Das entspannte Gehen leitet über zum Joggen – nach wie vor eine weit verbreitete Form der ausgleichenden Bewegung. Freunde der Feldenkrais-Methode und andere laufen auch ohne Schuhe und schwören drauf ... für die meisten Menschen ist es wohl angenehmer, mit speziellem Jogging-Outfit zu starten. Bequem und funktionell sollte es sein – von Kopf bis Fuß. Das zielgerichtete, entspannte Gehen kann zum Joggen weiterentwickelt werden.

Was unterscheidet Joggen vom Gehen? Sicherlich eine höhere körperliche Belastung, die positiv empfunden wird und auch so wirkt. Wer joggt, nimmt sich aktiv aus einer stressenden Umgebung raus. Man wendet sich von störender Erregung ab. Zum Anderen setzt nach der Anstrengung die Entspannung logischer Weise ganz natürlich ein. Sie nehmen nach dem Lauf wahr, wie Atmung, Puls und Herzfrequenz wieder zur Ruhe kommen. Ein gutes Gefühl, durch die angenehme Müdigkeit unterstützt. Wer natürlich müde ist, reagiert nicht mehr so intensiv auf negativen Stress, den Disstress. (Es gibt auch positiven Stress, den so genannten Eustress, der uns aufmerksam hält).

Anfänger starten mit einem vierwöchigen Trainingsplan in den Fünf-Kilometer-Lauf:

- ❊ Wärmen Sie sich drei bis fünf Minuten auf. Tragen Sie dabei noch wärmende Kleidung, die Sie zum Laufen ablegen. Die Muskeln werden gelockert – nicht extensiv gedehnt. Gut zum Aufwärmen sind Hüftkreisen, Oberkörperrotation, Schulterkreisen rückwärts, Armkreisen rückwärts, Beinschwünge, tiefe Hocke, Fußkreisen und beidseitige Hocksprünge.
- ❊ Laufen Sie an drei Tagen in der Woche, beispielsweise montags, mittwochs und samstags. Planen Sie Ruhetage ein.
- ❊ In der ersten Woche laufen Sie montags und samstags jeweils dreimal zehn Minuten im ruhigen Dauerlauf (75-80 Prozent der maximalen Herzfrequenz) und gehen dazwischen je 1,5 Minuten. Mittwochs laufen Sie 20 Minuten im langsamen Dauerlauf (70-75 Prozent der maximalen Herzfrequenz).

- Sie steigern sich in der zweiten Woche: montags und samstags laufen Sie zweimal 15 Minuten im ruhigen Dauerlauf mit einer Gehpause von 1,5 Minuten. Mittwochs laufen Sie 25 Minuten im langsamen Dauerlauf.
- Jetzt variieren Sie in der dritten Woche erneut: montags und samstags laufen Sie dreimal 12 Minuten im ruhigen Dauerlauf mit zwei Gehpausen von 1,5 Minuten. Mittwochs laufen Sie 30 Minuten im langsamen Dauerlauf und steigern gegen Ende des Laufs ihre Geschwindigkeit in drei Phasen bis zum zügigen Dauerlauf mit 85-88 Prozent der maximalen Herzfrequenz.
- In der vierten Woche laufen Sie montags und mittwochs 20 Minuten im langsamen Dauerlauf, dann mit der dreiphasigen Steigerung am Ende. Am Sonntag ist der große Tag: Sie laufen fünf Kilometer in rund 30 Minuten.

Laufeinsteiger brauchen für die Distanz von fünf Kilometern rund 40 Minuten. Mit diesem Plan optimieren Sie sich in wenigen Wochen auf 30 Minuten. Ein schönes Ziel, das Sie so erreichen können.

NORDIC WALKING: EIN GESUNDER KOMPROMISS ZWISCHEN GEHEN UND JOGGEN

Der richtige Stockeinsatz ist das Geheimnis beim Nordic Walking. Diese Bewegung addiert zum Ausdauersport die Komponenten Kraft und Koordination. Der gesamte Körper wird trainiert. Mit ein wenig Übung lässt sich der Stock optimal einsetzen. Man spricht von der „Kreuztechnik": Wenn die linke Ferse den Boden berührt, stößt die Spitze des rechten Stocks schräg nach hinten auf den Weg. Beachten Sie außerdem:

❀ Die Arme bewegen sich parallel und nah am Körper.
❀ Der Schwung für die Vorwärtsbewegung kommt aus den Schultern und wird mit den Oberarmen umgesetzt. Die Unterarme bleiben so im rechten Winkel.
❀ Für die rückwärtige Abstoßbewegung wird der Unterarm auf Höhe der Hüfte abgestreckt. Der Arm bildet mit dem Stock eine Linie.
❀ Dann wird der Arm wieder vorgeführt aus der Schulter heraus mittels Oberarmmuskulatur.

- Die Stockgriffe bei der Vorwärtsbewegung umfassen, bei der Streckung leicht öffnen. Die Schlaufe verhindert, dass Sie den Stock verlieren.
- Der Oberkörper ist leicht nach vorne geneigt. Er passt sich der Neigung des Geländes an.
- Die Schritte sind länger als beim normalen Gehen.

So ermitteln Sie die optimale Länge der Stöcke: Den Stock am Griff eine Unterarmlänge entfernt hinstellen; der Unterarm sollte einen Winkel von 90 Grad bilden.

SICH SELBST ERLEBEN: IN NATUR UND GESELLIGKEIT

Speziell die Bewegung an der frischen Luft tut gut. Der Organismus wird mit mehr Sauerstoff angereichert – eine Wohltat für Körper und Geist. Die grüne Farbe von Wiese, Wald und Feld tut ihr Übriges. Sie wirkt beruhigend und harmonisierend. Angefangen beim kurzen Spaziergang während der Mittagspause im nahe gelegenen Park bis zum Wanderurlaub: Draußensein entspannt. Je nach Typ genießen Sie es, in der Gruppe Sport zu treiben. Für die Einen ist es Geborgenheit, für die Anderen der Ansporn im freundlichen Umfeld, seine Leistung zu steigern. In Geselligkeit kommt die Seele durch Anregungen und Ansprache in Balance – durch Bewegung gefördert. Die Beispiele zeigen, dass Entspannung schon mit kleinen Mitteln durch Bewegung erzeugt wird.

Klettern, Schwimmen, Radfahren: Sie finden sicherlich aus der großen Palette eine passende Sportart. Das Sofa wird dann eine ganz neue Rolle in Ihrem Leben spielen. Sie können mit bestem Gewissen ausruhen und auch mal den Fernseher anmachen. Falls Sie eine längere Zeit mit dem Sport ausgesetzt haben oder noch nie sportlich aktiv waren, konnten wir Ihnen hoffentlich eine sanfte Motivation vermitteln. In Ihrer Umgebung gibt es bestimmt ein gutes Angebot, das auch im Budget zu Ihnen passt. Für den Einstieg ins sportliche Leben ist es sinnvoll, unterhaltsam und motivierend, eine fachkundige Begleitung zu wählen.

> **WICHTIG!**
> Menschen, die neu in sportliche Aktivitäten einsteigen, jenseits des 35. Geburtstags sind oder an chronischen Krankheiten leiden, sollten mit einem Arzt abklären, ob und welcher Sport für die Entspannung sinnvoll ist. Beim Sport sollte auch kein negativer Stress entstehen. Ersetzen Sie Überforderung im Beruf oder anderen Lebensbereichen nicht durch ein überzogenes Sportprogramm.

Singen

> **SMART-INFO**
>
> Mit Gesang verbinden wir in erster Linie ein auditives Erlebnis, das entspannt. Wir hören ruhig zu. Wer mitmacht, zum Beispiel in einem Chor, erlebt weitere Aspekte, die positiv auf Körper und Geist wirken. Singen kann jeder – man selbst ist das „Instrument". Was schon mal fehlt, ist Mut. Vielleicht, weil die eigene Stimme so viel von der Persönlichkeit verrät? Probieren Sie es trotzdem aus und erleben Sie die befreiende Wirkung von Gesang.

Kinder machen es einfach: Singen. Sie summen, brabbeln, flüstern, schreien – Melodien und Texte der puren Fantasie; später ahmen sie nach, was Familie, Freunde und Kindergarten vermitteln. Das fördert die Entwicklung in Bereichen wie Konzentration und Kreativität. Wer seine Stimme erhebt, zeigt Mut. Auch wenn es sich nicht perfekt anhört: Einem Kind sollte das Singen nicht verboten werden. Das schüchtert ein und nährt Selbstzweifel. Zu summen und zu singen gleicht natürlichen Impulsen wie Lachen oder Weinen. Geben wir uns der kindlichen Freude hin und machen ein paar Übungen zum Summen und Klingen.

✽ Wenn es ganz schnell gehen soll, hilft für die Entspannung schon ein bewusstes Gähnen. Beim Gähnen wird die Produktion des Wohlfühlhormons Serotonin angeregt. Auch Grimassenschneiden hilft, Verkrampfung speziell im Kiefer zu lösen.

* Wenn es sich einrichten lässt, legen Sie sich zum Summen auf die Erde. Besonders Vokale eignen sich zum Summen. Los geht's: Atmen Sie tief ein und summen Sie jeweils A, E, I, O, U beim Ausatmen. Konzentrieren Sie sich darauf, wie der Klang durch Ihren Körper wandert und ihn sozusagen sanft von innen massiert. Spüren Sie, dass sich Blockaden lösen?
* Neben selbst gewählten Tönen gibt es das Bienensummen. Setzen Sie sich dafür locker in einen Stuhl, legen Sie die Hände auf die Lehnen oder die Oberschenkel. Die Lippen sind leicht geöffnet, die Zähne liegen etwas aufeinander. Sie atmen regelmäßig durch die Nase ein und aus. Beim Ausatmen starten Sie mit einem anhaltenden „Ssssss"-Ton. Dann wieder tonlos durch die Nase einatmen. Beim summenden Ausatmen vibriert der Kopf leicht. Wiederholen Sie diese Übung fünf bis zehn Mal.

SINGEN IST GESUND UND MACHT GLÜCKLICH

Kaum zu glauben, was während des Singens alles im Körper passiert. Ein Mix aus den Hormonen Serotonin, Noradrenalin, Dopamin, Oxytocin und Endorphin bewirkt Zufriedenheit. Gleichzeitig sinkt der Spiegel von Testosteron und Cortisol – Stress und Aggressionen werden abgebaut. Das Singen stimuliert die emotionalen Zentren im Gehirn, was sich positiv auf andere Bereiche des Gehirns ausbreitet.

SEROTONIN

⇢ wirkt auf den Blutdruck, die Magen-Darm-Tätigkeit sowie die Signalübertragung im Zentralnervensystem, reguliert die Weite der Blutgefäße.

NORADRENALIN

⇢ wird bei körperlichem und seelischem Stress ausgeschüttet, ist bedeutend für Motivation, Motorik und Aufmerksamkeit.

DOPAMIN

➡ wird als „Glückshormon" bezeichnet; es wirkt mit bei Motivation, Antrieb, Koordination und Regulation des Appetits, steigert Wahrnehmung und wird bei schönen Erfahrungen ausgeschüttet.

OXYTOCIN

➡ stärkt die Bindung zwischen Menschen, reduziert Stress und löst Angstgefühle.

ENDORPHIN

➡ wirkt schmerzunterdrückend und wird außerdem bei guten Erfahrungen ausgeschüttet.

TESTOSTERON

➡ ist ein Sexualhormon, das bei beiden Geschlechtern vorkommt – bei Frauen viel geringer als bei Männern. Unter anderem steigert Testosteron den Antrieb und aggressives Verhalten.

CORTISOL

➡ wird unter anderem als „Anti-Stress-Hormon" bezeichnet.

Mit dem Singen werden Stress und Aggressionen abgebaut

Für das Singen ist eine tiefe Bauchatmung notwendig. Die massiert das Zwerchfell sowie die Bauchorgane. Der gesamte Organismus wird mit mehr Sauerstoff versorgt. Singen Sie zehn bis 15 Minuten täglich und stärken Sie so Ihr Herz-Kreislauf-System. Übrigens: Singen lenkt ganz unkompliziert ab. Wenn Kinder nörgelig sind – auf der Wanderung nicht mehr so recht mitlaufen wollen – stimmen Sie ein Lied an. Oder Sie haben eine notwendige aber etwas lästige Arbeit vor sich wie Gartenzaunstreichen? Überwinden Sie schlechte Stimmung durch ein Lied. Durch das Singen wird die Konzentration umgeleitet und es entwickelt sich eine positive Stimmung.

SING YOUR SONG

Stellen wir direkt fest: Ja, Sie dürfen für sich ganz persönlich laut singen. Und es muss nicht unter der Dusche sein. Natürlich ist es gegenüber anderen nett, für Ihre persönliche „Singauszeit" einen Raum oder Zeitpunkt zu wählen, in und bei dem Sie alleine sind. Dann geht es los. Stellen Sie sich eine

Playlist mit Lieblingsmusik zusammen. Oder lieben Sie es oldschool? Dann legen Sie eine Platte auf und genießen Sie die musikalische Abfolge als Gesamtkunstwerk. Wenn Sie alleine sind, drehen Sie die Musik auf die gewünschte Lautstärke – gerne auch richtig laut. Oder nutzen Sie einen Kopfhörer. Wenn die ersten Klänge ertönen, machen Sie einfach mit. Begleiten Sie stimmgewaltig Ihre Lieblingsinterpreten. Bewegen Sie sich dazu. Spielen Sie Luftgitarre! Jetzt sind Sie der Star – egal, was die anderen denken. Der Effekt: Glückshormone durchfluten Ihren Körper; zugleich verlangsamt sich Ihre Atmung und das Gehirn wird mit mehr Sauerstoff versorgt. Am Tag reichen schon zehn Minuten aus für eine entspannende Wirkung. Probieren Sie individuelles Singen aus, wenn Sie gestresst vom Job kommen.

COOL: SINGEN IM CHOR

Im Chor erleben Sie eine Gemeinschaft, die Geborgenheit, Sicherheit und Schutz bietet. Müssen Sie im Job immer wieder die erste Geige spielen und wollen doch mal ausspannen? Im Chor werden Sie ganz harmonisch zum Teil des Ganzen. Andersrum: Schüchterne Menschen finden im Chor das richtige Umfeld, sich künstlerisch auszudrücken. Sie sind in der Gemeinschaft präsent. Das gibt jedem Typ regelrecht Luft zum Atmen. Dass Sie dabei auch noch singen und so in den Genuss der oben beschriebenen Aspekte kommen, ist ein weiterer Pluspunkt für den Chor. Sie verbinden Förderung der Gesundheit mit neuen sozialen Erfahrungen. Neben den regelmäßigen Proben gibt es gesellige Treffen und Fahrten. Das alles zusammen genommen wirkt entlastend und entspannend. Welche Musikrichtung mögen Sie besonders gerne? Klassik, Jazz, Kirche? Probieren Sie aus, was zu Ihrem Temperament passt.

STRESS? DA PFEIF ICH DRAUF

Neben dem eingangs beschriebenen Summen bietet sich das Pfeifen zur kurzfristigen Entspannung an. Es ist längst nicht so meditativ und hat eher motivierenden Charakter. Wer ein Lied-

chen pfeift – improvisiert oder eine bekannte Melodie interpretierend – macht sich selbst gute Laune und strahlt positiv auf seine Umgebung aus.

DIE SPIRITUELLE KRAFT SPÜREN DURCH DAS MANTRASINGEN

Während das Pfeifen unabhängig von der Kultur auf der gesamten Welt praktiziert wird, hat das meditative Singen von Mantras seinen Ursprung im Buddhismus und Hinduismus. Heilige Silben, Wörter oder Verse, in Sanskrit verfasst, werden singend wiederholt, von einem Harmonium rhythmisch sanft begleitet. Beim Mantrasingen erleben Sie eine Klangwolke, die den Raum erfüllt. Sie müssen keine besonders wohl modulierte Stimme haben; Sie gehen auf in den Tönen und spüren spirituelle Kraft. Eine Übersetzung der Texte ist nicht notwendig, damit das meditative Singen – auch „Chanten" genannt – Ihren rastlosen Geist zur Ruhe bringt.

Singen, Summen, Pfeifen zur eigenen Entspannung

Mantrasingende genießen die Verbindung untereinander sowie mit einer Jahrtausende alten Tradition. Praktizieren Sie meditatives Singen in Seminaren und Kursen. Hier stimmen Sie beispielsweise das Hari Om an, die indische Grußformel „Ich grüße das Göttliche in dir. Ich wende mich mit Liebe an dich" ist als Mantra meist Bestandteil einer meditativen Übung. Für das Mantrasingen benötigen Sie keine Vorkenntnisse – nur eine Gruppe, die Sie bestimmt liebevoll in ihre Mitte nimmt. Über das Chanten gelangen Sie zur Meditation, einer weiteren Form zu entspannen.

Singen, Summen, Pfeifen: seit Menschengedenken produzieren wir Töne und Melodien. Zur Freude Anderer und zur eigenen Entspannung. Einfacher geht es kaum. Damit Sie gut bei Stimme bleiben, hier noch ein paar Tipps:

- ❊ Nicht permanent sprechen, sondern auch mal schweigen
- ❊ Ist die Stimme belegt: Husten statt Räuspern
- ❊ Beim Singen den Mund weit öffnen
- ❊ Viel trinken – am besten Früchtetees
- ❊ Bonbons lutschen für die Speichelproduktion

Tanzen

Der Mensch tanzt, seit er aufrecht geht. Sich rhythmisch zu bewegen, liegt uns quasi im Blut. Wir trommeln leicht mit den Fingern und wippen mit den Füßen, wenn Musik erklingt. Folgen Sie diesem Impuls, denn Tanzen entspannt! Wie beim Singen gilt: jeder kann das. Lassen Sie sich von Helene Fischer und Co. nicht einschüchtern, sondern direkt zur ersten praktischen Übung inspirieren.

Wenn Sie im Fernsehen eine Show sehen, stehen Sie auf, drehen die Lautstärke hoch und gucken Sie sich die Moves ab – vielleicht nicht direkt beim Star selbst, sondern Bewegungen vom begleitenden Ballett. Wenn Sie nicht geübt sind, lassen Sie es langsam und sanft angehen. Die Tänzer sind zu schnell? Macht nichts: Sie können Ihrer eigenen Choreografie folgen. Am besten fangen Sie mit dem Kopf an und „arbeiten" sich vor bis zu den Füßen. Nehmen Sie dabei den Takt auf. Pro Musikdarbietung widmen Sie sich einer bis zwei Körperregion(en).

> **SMART-INFO**
> Wie Gesang brauchen Sie für den Tanz eigentlich nichts – nur Ihren Körper, der einer inneren Melodie oder vernehmbarer Musik folgt. Diese Art zu entspannen ist effizient und auch für Menschen mit körperlichen Einschränkungen praktikabel.

ENTERTAINMENT, DAS ENTSPANNT

Bevor es losgeht, beugen Sie ganz leicht die Knie und denken Sie zwischendurch daran, den Bauch leicht anzuspannen. Stellen Sie sich vor, den Bauchnabel an die Wirbelsäule zu ziehen. Atmen Sie entspannt weiter – nicht die Luft anhalten oder die Lippen zusammenpressen. Am besten schauen Sie sich das blendende Lächeln der Interpreten ab. Machen Sie sich einen Spaß daraus, sie zu imitieren. Jetzt noch den Sofatisch zur Seite schieben und los geht's.

* Drehen Sie Ihren Kopf hin und her. Dann heben Sie Ihren Kopf auf und ab – so als würden Sie verneinen oder zustimmen. Nicken Sie nach links und nicken Sie nach rechts. Jede Bewegung machen Sie viermal. Sie bestimmen selber, wie lange Sie das machen wollen. Kopf und Hals sind sensible Körperstellen – übertreiben Sie nicht.
* Ziehen Sie die Schultern zu den Ohren hoch, halten Sie kurz inne und lassen Sie die Schultern tief sinken. Rollen Sie die Schultern nach hinten: rechts, links und zweimal beide zu-

sammen. Machen Sie das Gleiche nach vorne. Hochziehen, Rückwärts- und Vorwärtsrollen wiederholen Sie fünfmal oder solange das Lied gespielt wird.

❋ Was machen die Tänzer mit den Armen? Boxen Sie in die Luft, schwingen Sie von links nach rechts und beschreiben Sie einen Kreis (Achtung: stehen Vasen oder Gläser in der Nähe?). Finden Sie Ihre eigene Bewegung, die Ihnen angenehm ist. Schnell und zackig oder romantisch und fließend. Es kommt auch auf die Musik an.

❋ Schwingen Sie die Hüften nach links und rechts. Heben Sie dabei leicht die Füße. Linke Hüfte, linker Fuß. Rechte Hüfte, rechter Fuß. Die seitliche Bauchmuskulatur wird leicht zusammengezogen und wieder gelöst. Die Arme hängen locker an der Seite oder schwingen mit. Sie können variieren: rechts, links, rechts zweimal; links, rechts, links zweimal ... diese Bewegung macht Spaß. Zehn Ausführungen reichen aus, können aber auch verlängert werden.

❋ Heben Sie die Füße abwechselnd, so als würden Sie marschieren, und steigern Sie sich bis zum leichten Hüpfen auf der Stelle. Diese Bewegung führen Sie 30 Sekunden durch.

- Ziehen Sie sich hoch auf die Zehenspitzen, senken Sie sich ab auf den ganzen Fuß und ziehen Sie dann die Zehen hoch zum Schienbein. Die Balance behalten Sie, indem Sie den Po anspannen und die Arme etwas vom Körper abspreizen. Machen Sie das 20 Mal.

TANZEN: EINE SAUBERE SACHE

Tanz lässt sich auch auf andere Weise entspannt in den Alltag einbringen. Sie bereiten das Abendessen vor und im Radio läuft Ihr Lieblingssong? Schwingen Sie einfach die Hüften, wenn Sie den Salat mischen. Beim Schneiden und rühren in heißen Töpfen sollten Sie eine Pause einlegen. Aber sonst: Hausarbeit lässt sich in getanzter Form erstaunlich gut meistern. Ganz entspannt erledigen Sie, worüber andere stöhnen. Auch hier ist Musik die Basis. Damit Sie sich nicht die Muskeln zerren, recken Sie sich zuerst – so als würden Sie aus dem Bett aufstehen. Reinigen Sie Fenster und gekachelte Wände im Stil eines Varieté-Girls: Schmutz mit kleinen, kreisenden Bewegungen der

Lassen Sie sich vom Sound leiten

Hände und Unterarme entfernen. Vier Kreise mit der rechten Hand (von rechts in die Mitte), Schwamm in die linke Hand wechseln und jetzt vier Kreise anschließen (von der Mitte nach links). Das gleiche zurück. So geht es weiter, bis die Fläche eingeschäumt ist. Jetzt mit weitausholenden Armbewegungen den Schmutz und Schaum abnehmen.

Auch der Fußboden lässt sich „sauber tanzen". Ob beim Saugen oder Wischen: Achten Sie auf eine aufrechte Körperhaltung. Sind Sie groß? Dann investieren Sie in einen passend langen Stiel für den Wischmopp oder das Rohr für den Staubsauger. Ihre Bandscheiben werden es Ihnen lohnen! Jetzt führen Sie das Putzgerät im Rhythmus der Musik über Parkett oder Teppich. Zeigen Sie, was in Ihnen steckt und lassen Sie den verrücktesten Bewegungen ganz spontan freien Lauf.

Wenn alles fertig ist, profitieren Sie im doppelten Sinn von der Entspannung. Das Putzen selbst hat Spaß gemacht und in Ihrem Leben ist wieder etwas mehr Ordnung.

TANZEN HILFT GEGEN STRESS

Wer für sich in der Disco tanzt, genießt so etwas wie familiäre Geborgenheit der Bewegung als Gruppe zum Takt. Sie werden einfach froh. Außerdem fühlen Sie sich ungezwungen und können ihrer Intuition folgen. Lassen Sie sich vom Sound leiten. Ob Sie jetzt besonders fantasievoll tanzen oder sich gleichmäßig im Rhythmus wiegen: Sie sollen sich wohlfühlen. Nach diesem Prinzip funktionieren After-Work-Partys: Den Arbeitsstress einfach wegtanzen und ganz nebenbei mit den Kollegen entspannt in Kontakt kommen. Klar, dass die Pre-Work-Party nicht lange auf sich warten ließ. Ab sieben Uhr in der Früh wird aufgelegt – allerdings meist in den Metropolen. Ohne Alkohol und mit gesunden Säften oder Smoothies tanzt man in den Tag und in den Job. Falls es dieses Angebot bei Ihnen nicht gibt, werden Sie selbst aktiv. Lockern Sie etwas die Muskulatur und dancen Sie 15 Minuten einfach zuhause vor dem Frühstück. Dann duschen und zur Arbeit.

> **WICHTIG!**
> Bei Vorerkrankungen, nach Operationen oder Herzerkrankungen, konsultieren Sie Ihre Ärzte. Mit ihnen stimmen Sie ab, ob und wie Tanz für Sie eine geeignete Form für die Entspannung ist. Auch wer nicht krank ist, muss aufmerksam seinen Körper beobachten. Achten Sie darauf, Überanstrengungen zu vermeiden.

Musizieren

SMART-INFO
Wer musiziert hat für Stress keine Kapazität – sowohl geistige als auch körperliche Fähigkeiten werden beim Musikmachen angesprochen. Darum ist es so effektiv, mit einem Instrument zu entspannen.

Das Alter spielt keine Rolle: Musikmachen entspannt in jeder Lebensphase. Es gibt physische und psychische Gründe dafür. Wie beim Hören von Musik wird der Körper mit Glückshormonen geflutet – Sie fühlen sich schnell besser. Außerdem regt das Spielen eines Instruments wie beim Singen die Herz-Kreislauf-Tätigkeit sowie die Atmung an. Wer in der Gruppe musiziert, erlebt Nähe und Geborgenheit. Kommt das Geübte zur Aufführung gesellen sich Stolz und Anerkennung hinzu. Musikmachen liefert eine ganze „Wohlfühl-Partitur" – für Einsteiger wie Virtuose.

Übrigens: Die emotionale Wirkung von Musik können Sie ganz einfach selber entdecken. Zählen Sie mittels Zeige- und Mittelfinger Ihre Pulsschläge innerhalb von 10 Sekunden und multiplizieren den Wert mit sechs; Sie erhalten Ihren Pulsschlag pro Minute. Jetzt hören Sie 30 Minuten eine frei gewählte Musik und messen dann nach der gleichen Methode. Der Pulsschlag hat sich je nach Stimmung und Musik verändert. Er ist flacher oder steiler, weil sich Ihre Puls-Herzfrequenz der gehörten Musik anpasst.

BEGINNEN SIE MIT RHYTHMUS

Sie müssen kein Mozart sein, um durch Musikmachen zu Wohlbefinden und einer angenehmen Entspannung zu gelangen. Musikalische Anfänger, die vielleicht keine Notenwerte und Taktangaben lesen können, schulen ihr Rhythmusgefühl mit einer einfachen Übung.

- 3er-Rhythmus: erstens in die Hände klatschen, zweitens mit der rechten Hand auf die rechte Brust klopfen, drittens mit der linken Hand auf die linke Brust klopfen.
- 5er-Rhythmus: Schritt eins bis drei durchführen und viertens mit der rechten Hand auf den rechten Oberschenkel klopfen, fünftens mit der linken Hand auf den linken Oberschenkel klopfen.

* 7er-Rhythmus: Führen Sie die oberen Abläufe durch und klopfen Sie sechstens mit der rechten Hand auf den Bauch und siebtens mit der linken Hand auf den Bauch.
* 9er-Rhythmus: Die gesamte Abfolge wird so ergänzt: Sie stampfen achtens mit dem rechten Fuß auf und neuntens mit dem linken Fuß.

Starten Sie behutsam in diese Übung. Wenn Sie den 9er-Rhythmus beherrschen, werden Sie bemerken, dass die Konzentration Sie aus dem Alltag herausholt. So wirkt Musikmachen!

TROMMELN SIE IHRE LEBENSGEISTER ZUSAMMEN

Haben Sie Lust auf mehr? Dann schauen Sie sich nach Kursen für Trommelmusik um. Die sind nach Instrumenten (Schlagzeug, Konga, Rahmentrommeln, Fässer, …) oder Kulturkreis (Afrika, Lateinamerika und Kuba, Brasilien) gegliedert. Für welche Musik „schlägt" Ihr Herz? Im Trend liegt die Cajón – eine echte Wunderkiste, die ursprünglich aus Peru stammt.

Der Cajónero sitzt locker auf seiner Kiste aus Sperrholz, deren Rückseite ein Schall-Loch hat. Geschlagen wird auf die Vorderseite der Drum-Box. Beugen Sie sich dabei nicht zu weit nach unten – Sie könnten Rückenschmerzen bekommen. Es ist ausreichend das obere Drittel der vorderen Holzplatte zu spielen. Leihen Sie sich eine Cajón aus und probieren Sie, was damit alles geht. Wenn Sie an der folgenden Übung Spaß haben, ist es ein Leichtes, eine Cajón selber zu bauen (übrigens auch eine entspannende Tätigkeit). Sie haben ein leicht zu transportierendes Instrument, das zugleich ihr Sitz ist – perfekt! Sie variieren die Töne durch den Einsatz der Hände. Sie spielen mit:

❋ den ganzen Fingern
❋ den Fingerspitzen
❋ der flachen Hand
❋ den Handballen
❋ der Handkante.

Damit die Töne laut genug klingen, müssen Sie nicht viel Kraft aufwenden. Dadurch besteht auch nicht die Gefahr, dass die Finger anschwellen und so die Freude quasi im gleichen Verhältnis abnimmt.

Es gibt verschiedene Tonbereiche bei der Cajón:

- Den Bassschlag erzielen Sie im oberen Drittel des Cajóns mit der Handtellerkante der bevorzugten, flach gestreckten Hand. Der Schwung kommt aus der Schulter. Dabei ist der Arm gerade, nicht durchgestreckt.
- Der Snareschlag wird mit den flachen Fingern der anderen Hand in der oberen Ecke (gleiche Seite wie diese Hand) ausgeführt. Der Arm ist leicht angewinkelt, damit die obere Ecke gut getroffen wird.
- Die „Basshand" liegt etwas tiefer als die „Snarehand".
- Bevorzugt fürs Cajónspiel wird der Viervierteltakt. Schlagen Sie viermal den Basston und viermal den Snareton; dieses im Wechsel.
- Variieren Sie jetzt: Bassschlag auf eins und drei, Snareschlag auf zwei und vier.
- Bleiben Sie locker und schlagen Sie nicht fest; die Cajon wird nicht laut gespielt.

Mit diesem Vier-Viertel-Takt können Sie auf Anhieb viele Lieder begleiten. Entspannter lässt sich Musik kaum machen.

Musik entspannt, egal, welches Instrument Sie spielen

HAST DU TÖNE?

Neben den Schlaginstrumenten können Sie alle anderen Gruppen, wie Instrumente zum Zupfen und Streichen sowie Holz- und Blechbläser, gut erlernen. Es kommt auf die Motivation an. Speziell Senioren erfüllen sich mit dem Musikmachen einen lang gehegten Traum. Rhythmusgeräte lassen sich in Eigenregie gut erkunden. Bei anderen Instrumenten vertrauen Sie einer professionellen Einführung. Falsche Muster und Methoden, die Sie sich selber beibringen, können später nur mit Mühe ausgemerzt werden.

AUFWÄRMEN NICHT VERGESSEN

Musizieren entspannt – aber Ihre Muskulatur sollte durchgehend eine leichte Grundspannung haben. Dabei ist es egal, welches Instrument Sie spielen. Ideal als Vorbereitung für ein genussvolles Musikerlebnis ist das Aufwärmen. Seien Sie konsequent und praktizieren Sie vor dem Spiel Muskellockerung und Atemübungen. Bereiten Sie sich auch mental auf das Musizieren vor. Stellen Sie sich gedanklich kurz ein. Sie werden mehr von der Lektion haben.

MUSIZIEREN IN DER GEMEINSCHAFT

Vielleicht gelingt es Ihnen, die Tradition der Hausmusik wieder zu beleben oder gründen Sie einfach mit Freunden eine Band. Motivieren Sie Ihren Partner und Ihre Kinder, zum Instrument zu greifen. Schauen Sie sich in der Nachbarschaft um. Vielleicht mag jemand mit Ihnen gemeinsam in die „Musikkarriere" starten oder lässt ein vergessenes Talent wieder aufleben. Musizieren gibt der Gemeinschaft eine neue Note. Während andere sich zum gemeinsamen Kochen treffen, bilden Sie ganz entspannt ein Mini-Orchester. Die Komponenten für einen kulturellen Salon sind schon da!

> **WICHTIG!**
> Wenn Sie ein Blasinstrument erlernen wollen und Probleme mit der Atmung haben, sollte ein Arzt konsultiert werden.

Theater

IMPROVISATION: DIE GUNST DER SEKUNDE

Mit Improvisationstheater lernen Sie, mit kniffligen Situationen wie Diskussionen souverän umzugehen. Das entspannt Sie auf der ganzen Linie. Was bei Schauspielern, Showmastern oder Comedians so locker wirkt, wurde konsequent geübt. Improvisation können auch Sie lernen. Der Effekt: Sie schalten komplett ab vom Alltag und gewinnen für ihn wiederum Sicherheit, Lockerheit, Kommunikationsfähigkeit. Und ganz nebenbei schulen Sie die Fähigkeit, spontan zu reagieren.

Improvisationstheater ist keine „One-Man-Show"; Sie spielen mit anderen, zumeist kurze Szenen zu zweit oder mit zwei bis drei Mitspielern. Dazu ein paar grundsätzliche Tipps:

❋ Nehmen Sie eine positive Haltung an. Akzeptieren Sie Ihre aktuelle Situation im Spiel. Von hier starten Sie in die Handlung.

SMART-INFO

Durch Theaterspielen schlüpfen Sie in andere Rollen – mit Körper und Geist. Der entspannende Effekt: Sie lassen den Alltag oder Ihre Arbeitssituation hinter sich. Dabei erleben Sie Anforderungen, die Sie inspirieren und nicht erschöpfend wirken.

- Konzentrieren Sie sich auf die aktuelle Situation. Was war und was sein wird, interessiert jetzt nicht.
- Behandeln Sie die anderen Mitspieler mit Wertschätzung. Nehmen Sie die Ideen der Anderen an. So entwickeln sich spannende Szenen, die auch dem Publikum gefallen. Und nicht vergessen: Sie sind ein Team!
- Verurteilen Sie nicht. Bei der Improvisation gibt es weder „richtig" noch „falsch". Speziell aus Reaktionen, die wie Fehler erscheinen, entstehen neue Ideen. Darüber zu lachen, ist die beste Methode.
- Nobody is perfect: Hänger oder Stottern gehören zur Improvisation.

Eine von unzähligen Übungen zum Aufwärmen von Körper und Geist ist „Lustiges Laufen". Die Übung können Sie in der Gruppe aber auch alleine für sich durchführen. Sie geben sich selber die Kommandos oder einer aus der Gruppe wird dazu bestimmt. Sie gehen kreuz und quer durch den Raum. Dabei vollführen Sie unterschiedliche Arten der Fortbewegung aus. Sie schleichen wie ein Indianer. Dann hüpfen Sie wie Pippi

Sie schalten komplett ab vom Alltag

Langstrumpf. Jetzt bewegen Sie sich so zackig wie der goldene C-3PO aus Star Wars … so „geht" es immer weiter bis Sie richtig schön aufgewärmt sind.

Wie sollte es anders sein: Das Improvisationstheater entwickelt ständig neue Formen. Man spielt meist in der Gruppe. Wer für sich einsteigen mag, nutzt die Übung „Selbstgespräch". Schauen Sie kurz in die Zeitung. Welche berühmte Person entdecken Sie? Führen Sie sich den Charakter vor Augen und tun Sie so, als würden Sie zu sich selber sprechen und führen Sie passende Gesten aus.

Improvisation macht nicht nur einfach jede Menge Spaß. Sie können sich in ein vertrauensvolles Miteinander fallen lassen. Gleichzeitig sind Sie hoch konzentriert. Assoziation, Mut und Vertrauen sind nur einige Aspekte, die durch Improvisation geschult werden und Ihnen Entspannung im Job oder bei Gruppenerlebnissen bieten können. Schauen Sie, ob es in Ihrer Nähe eine Impro-Gruppe gibt.

DAS LAIENSPIEL MACHT LAUNE

Sehr verehrtes Publikum ... das Theater, gespielt von Laien, macht einen nicht so spektakulären aber doch großen Teil der Kultur aus. Die Gruppen sind zumeist aus Heimatvereinen oder Kirchengemeinden entstanden. Sie haben einen starken regionalen Bezug und pflegen oft den entsprechenden Dialekt. Hier können Sie sich als Schauspieler einbringen, aber auch andere Talente werden gebraucht: Tontechniker, Beleuchter, Bühnenbauer, Kostümbildner ... Sie werden Mitglied einer kreativen Gemeinschaft – der Alltag verschwindet quasi hinter dem Vorhang.

KRIMIDINNER FÜR ZUHAUSE

Entspannen Sie mit Spannung! Ein Krimidinner mit Ihren Freunden ist dafür ideal. Die mörderische Geschichte rankt sich um ein Dinner, das Sie servieren oder mit Ihren Freunden vorbereitet haben. Ideen, Dialoge und Anweisungen zur Inszenierung erhalten Sie von einem Verlag, der darauf spezialisiert ist. Jeder Mitspieler kommt entsprechend seiner Rolle verkleidet zum Abendessen. Sie werden gewiss ein echtes Schauspieltalent entdecken! Wer ist der Mörder? Gemeinsam finden Sie es heraus. Entspannung erleben Sie durch das Abtauchen in die Inszenierung sowie die liebevolle Vorbereitung.

LASSEN SIE MAL DIE PUPPEN TANZEN

Sie mögen selber die Regie führen? Dann gründen Sie ihr eigenes Puppentheater; der perfekte Rahmen für kleine Geschichten. Bühnenbildner, Kostümschneider, Schauspieler, Regisseur: Sie sind alles in einer Person. Oder Sie setzen das Projekt mit lieben Freunden um, die Ihren Humor und den Blick auf die Welt teilen. Einer fertigt die Puppen, andere kümmern sich um die Texte, dritte arbeiten am Marketing. Ob Publikum oder Akteur: Puppentheater ist für jede Generation spannend.

Malen

> **SMART-INFO**
> Malen und Zeichnen bietet sich als Entspannung der praktischen Art an: Sie benötigen für die Übungen wenig Platz – also kein großes, Licht durchflutetes Künstleratelier – und auch der Materialaufwand ist gering. Sie sind in Ihrer Umgebung und doch ganz bei sich. Mit geleiteten Übungen entwickeln Sie Kreativität in einem vorgegebenen Rahmen – Sie müssen kein Zeichengenie sein, um die entspannende Wirkung zu erleben.

Bücher zum Ausmalen findet man seit Generationen im Kinderzimmer. Die Kleinen haben eigentlich eine ganz ungezwungene Art, ihre Ideen zu Papier zu bringen. Trotzdem schreibt man Malbüchern pädagogischen Wert zu. Das Kind gewöhnt sich daran, den Stift sicher zu führen; die Auge-Hand-Koordination wird gefördert. Es muss für bestimmte Felder eine Farbe wählen und dann sollten die Begrenzungen eingehalten werden. Diese Übungen fördern die Konzentration. Stolz erfüllt die Kleinen, wenn alles komplett ist.

MEDITIEREN MIT AUSMALEN

Bei Erwachsenen verhält es sich ähnlich. Die Motorik muss nicht mehr geschult werden, darum sind die Motive meist anspruchsvoller als schlichte Vorlagen für Kinder. Dafür wirkt Ausmalen auf Erwachsene beruhigend. In kurzer Zeit versinken

Sie in einer Art Meditation. Hören Sie mal hin: welches Geräusch macht der Stift? Wenn Sie eine Kurve beschreiben klingt es anders als das Ausmalen einer Fläche. So profitieren Sie vom Ausmaltrend:

❋ Telefonklingeln und Chatpling blenden Sie aus; legen Sie Ihr Handy einfach außer Reichweite.
❋ Ausmalen funktioniert unabhängig vom Geschlecht und ist auch bei Männern recht beliebt. Es bietet sich als Freizeitaktivität an, die man entspannt als Paar genießt.
❋ Das Angebot der Motive ist vielfältig. Neben den beliebten floralen Motiven gibt es auch ganz abstrakte oder welche im Stil von Tattoos.
❋ Sorgfältig und genau zu arbeiten, holt Sie raus aus dem Chaos des Alltags.
❋ Sie folgen einfach den Linien; das Grübeln hat mal Pause.
❋ Schöne Motivvorlagen wirken aufmunternd.
❋ Wer mittels Computer und Tastatur kommuniziert und im Beruf nicht mehr mit der Hand schreibt,

empfindet Ausmalen häufig als „motorisches Nachhausekommen".
✽ Wer nicht talentiert ist, frei zu zeichnen, hat hier Erfolgserlebnisse.
✽ Das Ergebnis macht zufrieden.

Sie haben schon länger nicht zum Stift gegriffen? Dann sind Malbücher für Erwachsene als Vorlage eine klasse Sache. Die Themen reichen von Blütenmustern über Fantasiefiguren bis zu abstrakten Formen und Mandalas. Stifte werden oft mitgeliefert, damit Ihr Malvergnügen gleich beginnen kann.

DAS EIGENE MALBUCH KREIEREN

Vorgefertigte Malbücher sind ein prima Einstieg in die Entspannung durch Kunst. Wenn Sie sich jetzt „eingemalt" haben, können Sie ein Malbuch selber gestalten. Grundsätzlich brauchen Sie Motive, die mit einer Outline – also einer schwarzen Linie – dargestellt sind. Die Umrisse von Figur, Pflanze oder

Haus stehen auf weißem Untergrund, dem so genannten Fond. Es gibt verschiedene Wege, plastische Bilder in Silhouetten zu verwandeln:

* Wählen Sie aus Filterprogrammen für Fotos auf Computer oder Handy und spielen Sie damit. Manche Anwendungen nehmen die Plastizität aus dem Bild und es bleiben die Umrisse und leichte Strukturen übrig. Sie formen so aus Ihren Fotos ein Malbuch.
* Legen Sie ein Transparentpapier auf die Fensterscheibe und kopieren Sie ein markantes Motiv in Ihrer Umgebung. Diese Umrisszeichnung können Sie mittels Kopierer in der Größe verändern. Oder Sie scannen sie ein und arbeiten digital weiter.
* Nutzen Sie den Schattenriss. Dafür befestigen Sie ein Blatt Papier an einer Wand und platzieren einen Gegenstand davor. Jetzt: Licht aus und Spot an ... der Gegenstand wirft einen Schatten auf das Papier. Den Umriss zeichnen Sie jetzt mit einem Bleistift nach. Anschließend konkretisieren Sie die Linie mit einem Fineliner. Auch diese Zeichnung können Sie einscannen und bearbeiten.

Sie kreieren Ihr eigenes Kunstwerk

❋ Komponieren Sie aus bekannten Gemälden Ihre eigene Geschichte. Donald Duck trifft Mona Lisa. Dafür pausen Sie aus Büchern oder Computerausdrucken ab. Erst zeichnen Sie eine Figur mit Umrissen durch und stellen ihr die andere zur Seite. Im Hintergrund die Pyramide von Gizeh? So kopieren Sie nicht, sondern kreieren Ihr eigenes Kunstwerk. Natürlich alles in der oben beschriebenen Outline-Technik. Auch hier bietet sich ein digitales Finish an.

Die Scans können Sie wie ein Fotobuch zu einem Malbuch produzieren lassen. Testen Sie zuvor die Qualität des Papiers, denn die Farbe sollte sich gut verteilen lassen und einziehen können. Entweder machen Sie sich selber eine Freude, oder Sie haben ein stylisches Geschenk zur Hand.

Dieser kreative Prozess ist anregend und entspannend zugleich. Sie fördern Ihre handwerklichen Fähigkeiten, ohne Sie zu überfordern. Der Erfolg und damit ein zufriedenes Glücksgefühl sind zum Greifen nah.

MANDALAS

Im Buddhismus und Hinduismus verkörpern Mandalas Schaubilder im Rahmen religiöser Riten. Die Meditationsbilder stellen Dreidimensionales wie eine Tempelanlage in zweidimensionaler Art dar. In der westlichen Welt wurden Mandalas in ihrem Ausdruck reduziert. Es sind zentral ausgerichtete Motive, die an den Blick durch ein Kaleidoskop erinnern. Sie haben geometrische oder florale Formen, die zum Ausmalen als Outline dargestellt sind. Mit einer Vielzahl an Apps, lassen sich Mandalas „wie von Zauberhand" gestalten. Der Vorteil: sie sind absolut symmetrisch. Es fehlt allerdings das körperliche empfinden. Entdecken Sie, dass die Kreation eines Mandalas genauso entspannend wirkt, wie das anschließende Ausmalen. Entscheiden Sie selber, wie wichtig der handwerkliche Prozess für Sie ist. Dafür benötigen Sie nur eine kleine Grundausstattung:

- ❋ Zirkel
- ❋ Geodreieck, Lineal, Kreisschablone
- ❋ Bleistift, Spitzer, Radiergummi
- ❋ Fineliner in Schwarz

Beginnen Sie mit einem Kreis, den Sie mit dem Zirkel schlagen. So haben Sie den Mittelpunkt und eine äußere Begrenzung, in der Sie andere Formen platzieren: ein Dreieck und ein Quadrat zum Beispiel. Die Formen dürfen sich überlagern. Es ergeben sich neue Formen, die Sie wiederum ausfüllen können. Die Möglichkeiten sind unendlich. Lassen Sie sich treiben. Greifen Sie neben den oben beschriebenen Utensilien auch zu Gegenständen aus Ihrer Umgebung wie Münzen, Gläser, Schachteln und nutzen Sie deren Gestalt als Schablone. Sie werden mit der Zeit an Sicherheit gewinnen mit Blick auf Ihre Strichführung wie die Gestaltung. Wenn Sie frei zeichnen, entwickeln Sie die Geometrie zur freien Form. Die Motive werden weicher und bewegter. Folgen Sie Ihrer Intuition.

ZENTANGLE

Diese Phase führt zum so genannten Zentangle, eine andere Art der meditativen Zeichnung. „Zen" deutet auf die Meditation hin und „Tangle" ist der englische Begriff für „Gewirr". Beim Zeichnen treffen Sie möglichst keine bewussten Entscheidungen. Sie fokussieren sich komplett auf den handwerklichen Vorgang. Es kommt auf den Prozess an, nicht auf das fertige Kunstwerk. Während Sie zeichnen, kommt die linke, für die Analyse zuständige, Gehirnhälfte zur Ruhe und Sie entspannen. Sie benötigen noch weniger Material als beim Mandalamalen: ein quadratisches Blatt Papier (auch „Kachel" genannt), das etwa das Format eines Bierdeckels hat, aber auch größer sein darf, sowie Bleistift und Fineliner.

So funktioniert es:
* Sie nutzen fünf Grundformen: Punkt, Strich, Halbbogen, ein „S" und Kreis.
* Unterteilen Sie mit Bleistiftlinien das Format freihändig, also ohne Lineal. Die Linien dürfen sich überschneiden.
* Diese Parzellen füllen Sie mit Mustern.
* Die Muster erinnern an blasigen Schaum, lockeres Gewebe, gedrehte Spaghetti, geflochtene Zöpfe, herbstliches Laub … was Ihnen in den Sinn kommt. Nicht denken – malen!

Im nächsten Schritt können Sie mit weißen Stiften auf schwarzem Grund arbeiten. Oder Sie nutzen Sepiafarbe auf naturfarbigem Papier. Mit einem weißen Stift setzen Sie Akzente und verleihen zusätzliche Plastizität.

Sie fühlen sich gut und sicher beim „Tanglen"? Dann nutzen Sie ein Skizzenbuch, das Sie unproblematisch mit sich führen können. Auf einer Reise oder in der Mittagspause können Sie eine Tangle-Phase einschieben und entspannen. Schnell haben Sie Übung und es gelingt Ihnen, eine Zeichnung zügig aber ohne Hektik zu erstellen. Das Skizzenbuch wird zum gemalten Tagebuch. Betrachten Sie Ihre Zeichnungen: Sie werden erkennen, dass die Zentangles Auskunft über Ihre Verfassung geben.

MAL WIEDER MIT DEM FÜLLER SCHREIBEN

Der Einstieg ins entspannende und geführte Malen von Mandalas und Co. kann ganz einfach gelingen: Schieben Sie die Tastatur zur Seite und greifen Sie zum Füller. Zumindest privat ist das möglich. Es ist geradezu berührend, das Schreibgerät in den Fingern zu spüren. Die Feder gleitet über das Papier und hält Ihre Gedanken fest. Sie werden erleben, dass sich die Inhalte Ihrer Botschaft anders entwickeln als beim Schreiben am Computer. Eine Idee?

KUNSTSTÜCK: STRESSRESISTENZ STEIGERN

Wer zeichnet und malt, schaut sich um und auch in sich hinein. Sie beschäftigen sich mit sich selbst. Die Produktion Ihres künstlerischen Werks gelingt durch das Abrufen und Verknüpfen von Informationen, die im Gehirn abgelegt wurden. Diese Verknüpfung ist die Basis für Kreativität und sie steigert Ihre Gedächtnisleistung. Außerdem nimmt man an, dass die Fokussierung auf die eigene Persönlichkeit die Stressresistenz erhöht. Neben Ausmalen, Mandalas und Zentanglen gibt es die klassischen Arten zu Malen. Von Aquarell über Ölmalerei bis zu Pastellkreiden ist so viel möglich. Schauen Sie sich um und suchen Sie Kontakt zu Kunstgruppen. Erleben Sie Entspannung „wie gemalt".

> *Wer zeichnet und malt, schaut in sich hinein.*

Handarbeit und Handwerk

> **SMART-INFO**
> Während Sie mit den Händen arbeiten, schalten Sie den Kopf nicht aus, sondern um. Der Zirkel des Alltäglichen wird durchbrochen – so aktiv wie kreativ. Sie konzentrieren sich auf Planung und Umsetzung einer Sache, die sinnlich spürbar ist. Das macht Sie zufrieden und entspannt.

Erscheint Ihnen heutzutage auch vieles ganz einfach? Die Bedienung vom Smartphone bis zur Küchenmaschine, von der Online-Überweisung bis zur Reisebuchung erledigen sich „wie von Geisterhand". Die Schritte eines eigentlich komplexen Vorgangs werden Ihnen durch Digitalisierung abgenommen oder stark vereinfacht. Das ist gut und schlecht zugleich. Treten Schwierigkeiten auf, fühlen wir uns schnell machtlos. Wir können den Fehler einfach nicht mehr alleine beheben. Fähigkeiten, die wir einst lernten – schrauben, stecken, schneiden … ja, sogar schreiben – werden für die Herstellung einer Leistung oder die Lösung eines Problems nicht mehr gebraucht. Unbewusst haben wir das Gefühl, die Kontrolle über Bereiche unseres Lebens zu verlieren. Mit Do-It-Yourself können Sie sich einen selbstbestimmten Raum schaffen, gegensteuern und so zu persönlicher Entspannung gelangen.

HANDWERK UND HANDARBEIT TRAGEN HEUTE ZUR ENTSPANNUNG IHRER SEELE BEI

Gärtnern, Einkochen, Stricken, Tischlern: klassische Arbeiten feiern ein Comeback. Gerade die einfachsten Tätigkeiten helfen, sich zu besinnen. Unterschätzen Sie nicht die entspannende Wirkung von Hausarbeit! Selbermachen geht einen Schritt weiter. Sie schaffen etwas, das Ihr Leben und das von Freunden wirklich bereichert. Gießen Sie beispielsweise Kerzen und verwenden Sie dafür alte Kerzenreste. Auch Seife lässt sich prima selber machen. Mit Kindern eignet sich allerdings nicht das Sieden oder Kaltanrühren. Aber es gibt Alternativen, die Sie leicht im Netz als Anleitung finden. Oder erinnern Sie sich an die traditionelle Technik des Blumentrocknens. Am Anfang steht der schöne Spaziergang, bei dem Sie Blumen und Blätter sammeln. Die werden zuhause zwischen Büchern getrocknet. Kleben Sie daraus Bilder oder legen Sie ein Herbarium an – ein Buch, das Auskunft gibt über die Pflanzen. Gestalten Sie ein Buch für die Stadt, eines fürs Land und eines für die Urlaube. Sie nehmen Ihre Umgebung deutlicher wahr – ein Gewinn für den Geist.

KOCHEN WIRKT FÜR ALLE SINNE ANREGEND

Entspannen beim Kochen? Und ob! Was für Sie vielleicht immer mal wie eine „saure" Pflicht wirkt, lässt sich durch ein paar Tricks zur kulinarischen Auszeit verwandeln.

- Sie versorgen eine ganze Familie? Da braucht man immer wieder Anregungen, damit der Speiseplan abwechslungsreich ist. Nutzen Sie den ruhigen Sonntag für Ihre Planung. Fragen Sie die Anderen, worauf Sie Appetit haben, und stöbern Sie in Kochbüchern oder digitalen Blogs.
- Der gute, alte Einkaufszettel hilft Ihnen, den Überblick zu behalten. Sie steuern gezielt notwendige Produkte an und haben Muße, sich von Angeboten inspirieren zu lassen.
- Entdecken Sie den Markt wieder! Nehmen Sie sich die Zeit, zwischen den Ständen zu bummeln. Trinken Sie vielleicht einen Kaffee, der immer irgendwo angeboten wird. Das ist echte Quality-Time.
- Wenn stressige Zeiten anstehen, nutzen Sie den Lieferservice des Einzelhandels. Das Geld ist gut investiert: Sie erledigen entspannt Ihre Jobs und widmen sich dann dem Kochen.

- Last but not least: Checken Sie Ihre Kochutensilien. Sie brauchen nicht viele, aber die sollten gut in Schuss sein. Kaufen Sie sich nach und nach hochwertige Messer, Töpfe und Pfannen. Sie werden damit viel entspannter kochen, als mit Geräten, die schnell verschleißen.

LECKER ENTSPANNEN

Kochen verbindet auf einzigartige Weise das Nützliche mit dem Sinnlichen. Sie fühlen, schmecken und riechen. Der Prozess entwickelt sich nach sinnvollen Vorgaben und in Ihrem Tempo. Das holt Sie aus der Hektik des Alltags raus. Kochen ist verlässlich und darum beruhigend. Übrigens: jeder kann kochen. Es gibt schmackhafte einfache Gerichte, die mit der Zeit durch Raffinesse erweitert werden. Haben Sie an Sicherheit gewonnen, können Sie auch improvisieren. Leckerer kann Entspannung nicht sein.

UPCYCLING: EINE GUTE TAT, DIE GUT TUT

Hobbyhandwerker zimmern sich quasi einen Freiraum im digitalen Zeitalter. Schon der Besuch eines Handwerkermarktes regt zum selbstvergessenen Trödeln ein. Wunderbar! In Schraubenkisten wühlen, Farbpaletten vergleichen, Bohrmaschinen testen. Falls Sie Ihr handwerkliches Geschick noch trainieren müssen, bietet sich Upcycling an – das Aufarbeiten bereits gebrauchter Gegenstände. Dabei werden bekannte Objekte in neue Zusammenhänge gebracht. Aus einem emaillierten Trichter wird der stylische Lampenschirm für die Küche. Holzeinwegpaletten komponieren Sie zu Loungemöbeln. Jeanshosen werden zu Picknickdecken. Unendlich viele Möglichkeiten stehen Ihnen zur Verfügung. Und Sie tun ein gutes Werk: Was nicht weggeworfen wird, produziert keinen Müll. Sie entlasten Ihr Gewissen.

Spielen

> **SMART-INFO**
> Ständigen Reizen und Anspannung können Sie fast spielerisch begegnen. Klingt kindisch? Keineswegs. Erwachsene haben das Spielen oft verlernt und somit eine Chance auf Entspannung verloren. Mit Spielen verschiedener Art lenken Sie Ihre Aufmerksamkeit sinnlich und fröhlich vom Alltag ab. Eltern profitieren doppelt: Sie selbst und Ihre angestrengten Kinder kommen zur Ruhe.

Die richtige Mischung macht's – wie so oft im Leben. Es gibt so rasante wie langsame Spiele. Wer zu viel Action produziert, baut neue Spannung auf. Und zuviel Ruhe wirkt langweilig. Es kommt auf die Gruppe und die Situation an.

SPIELEN OHNE GERÄT: ES KANN SOFORT LOSGEHEN

Spielen Sie mit der Kraft Ihrer Vorstellung. Alle ziehen Schuhe und Strümpfe aus, stehen im Raum und schließen die Augen. Sie beginnen und nehmen die Gruppe mit auf einen imaginären Ausflug. Sie erzählen so konkret, dass alle den Weg beschreiten können und „spüren". Sie wandern zum Beispiel am Strand. „Der Fuß sinkt im weichen Sand ein. Mit den Zehen kann ich kleine Löcher graben. Der Sand kratzt ganz leicht an der Unterseite meiner Zehen, da wo es drückt. Jetzt die Füße leicht schütteln und weitergehen zur Wasserkante. Hier ist der

Sand ganz hart. Da vorne ist eine Muschelbank. Oh, das piekst! ..." Der Nächste war im sommerlichen New York. Winkt einem Taxi, läuft über heißen Asphalt, steht bei einem Hot-Dog-Wagen an und wird leicht geschupst, schaut immer wieder hoch zu den Wolkenkratzern.

Machen Sie einfach einen Spaß: Jeder ist ein Luftballon. Alle kauern auf der Erde. Mit jedem Atemzug „wachsen" Sie, werden größer und größer, breiten die Arme aus und: platzen mit einem Knall. Alle lassen sich auf die Erde fallen. Bleiben Sie gleich liegen, falls Sie draußen auf einer Wiese sind. Schauen Sie mit den anderen in die Wolken und deuten Sie die Bilder.

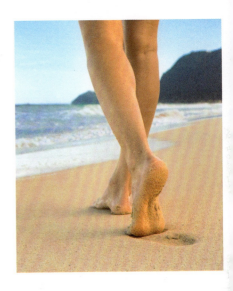

SPIELEN MIT GERÄT: IM GARTEN ODER PARK

Wann haben Sie das letzte Mal Tauziehen gespielt? Oft geht es um den fairen Wettkampf und die Regeln sind klarer als im Alltag der Erwachsenen. Schummeln oder sich drücken? Das geht gar nicht.

JONGLIEREN: DREI BÄLLE FÜR EIN ZIEL, DIE ENTSPANNUNG

Frisbee und Ballspiele gehören zu den Klassikern. Neben Fußball fällt da jedem was ein. Was tun, wenn man alleine an der frischen Luft spielerisch entspannen will? Jonglage lautet das Zauberwort. Sie werden sich wundern, wie fix Sie das lernen. So geht´s:

✼ Sie benötigen drei gleichgroße Bälle – Tennisbälle sind gut.

✼ Stellen Sie sich mit leicht gebeugten Beinen hin. Bauen Sie eine ganz leichte Grundspannung auf. Die lässt Ihre Arme frei agieren. Wo sind die Schultern? Nicht hochziehen, sondern entspannt sinken lassen.

✼ Ein Ball macht den Anfang. Werfen Sie den Ball von einer Hand in die andere – auf Augenhöhe. Wiederholen Sie diese Übung 20 Mal. Nehmen Sie die Hände jetzt tiefer. Winkeln Sie die Arme rechtwinklig an, die Ellenbogen sind seitlich locker angelegt. Werfen Sie den Ball jetzt mit einer Hand hoch und fangen Sie ihn mit der anderen Hand auf. Schauen Sie dabei nicht auf Ihre Hände, sondern „begeg-

nen" Sie dem Ball an seiner höchsten Stelle mit dem Blick. Machen Sie das zehn Mal.
- Zwei Bälle steigern die Geschicklichkeit. Nehmen Sie in jede Hand einen Ball. Werfen Sie den rechten Ball über die Höhe der Stirn diagonal nach links. Wenn der höchste Punkt erreicht ist, werfen Sie den linken Ball diagonal nach rechts. Bälle auffangen, mit links wieder starten und zehn Mal wiederholen.
- Drei Bälle lassen sich auf die gleiche Weise in Bewegung setzen. Dafür zwei Bälle in die rechte Hand nehmen und einen in die linke Hand. Sie starten mit dem vorderen Ball der rechten Hand, dann links und dann rechts. Jetzt haben Sie links zwei Bälle und rechts einen. So geht es weiter bis ein flüssiger Verlauf entsteht.
- Um schneller in eine flüssige Bewegung zu kommen, ist Werfen wichtiger als Fangen. Die Bälle fallen zu Beginn öfter auf den Boden. Stellen Sie sich beim Üben vor ein Bett oder ein Sofa, dann geht das Aufheben schneller.
- Bei Steigerung der Schwierigkeit, immer mal eine leichtere Übung einfügen.

Beim Jonglieren müssen beide Gehirnhälften zusammenarbeiten. Das macht schlau. Außerdem werden Muskeln und Gehirn gut durchblutet. Sie sind wach, konzentriert und ... entspannt. Wer mag, kann auch in der Mittagspause das Büro für kurze Zeit zu seiner „Manege der Entspannung" machen. Es nützt. Im Netz finden Sie viele weitere Anregungen, die leicht umzusetzen sind.

Sie sind wach, konzentriert und ... entspannt

BOULE: DREI KUGELN UND VIEL FREUDE

Boulespielen sieht wirklich lässig aus, wird von den Mitspielenden schon ernst genommen. Achten Sie also darauf, wenn Sie sich im Park einer Gruppe neu anschließen wollen. Ansonsten sind neben einem diskussionsfreudigen Charakter, exzellente Auge-Hand-Koordination sowie Konzentration gefragt. Warum? Weil Sie mit Ihrer Eisenkugel (Boule) so nah wie möglich an die Zielkugel aus Holz herankommen müssen. Dafür werfen Sie von einem Wurfkreis aus. Es gibt zwei Parteien: zwei Einzelpersonen (jeder mit drei Kugeln), Zweierteams (auch jeder drei Kugeln) oder Drei gegen Drei (jeder zwei Kugeln).

Es wird gelost, welche Mannschaft die hölzerne Zielkugel sechs bis zehn Meter aus dem Wurfkreis platziert. Ist das geschehen, darf dieser Spieler versuchen, seine Kugel so nah wie möglich an die Zielkugel heranzubringen. Jetzt sind die anderen dran, bis eine Kugel näher liegt oder alle gespielt sind. Dann ist das erste Team wieder dran. So geht es weiter. Strategisch kann es klug sein, die Kugel der Gegner wegzukicken oder sogar die Zielkugel günstig zu bewegen. Sind alle Kugeln gespielt, wird gezählt. Wer der Zielkugel am nächsten ist, erhält einen Punkt. Sind es zwei oder mehr Kugeln zählen auch diese jeweils einen Punkt. Der Gewinner zieht an der Stelle der Zielkugel erneut einen Kreis und es beginnt von vorne. Das Spiel endet, sobald eine Mannschaft mit 13 Punkten gewonnen hat.

SPIELEN IM HAUS

Das Wetter ist nicht so toll und Sie wollen abschalten. Nicht den Fernseher oder die Konsole einschalten, sondern das Gehirn – auf entspannte Weise natürlich. Es ist immer schön, Brett- oder

Kartenspiele zu machen. Unser Tipp: Laden Sie doch einfach Freunde und Nachbarn regelmäßig zum Spieleabend ein. Jeder kann sein Wunschspiel mitbringen. Oder Sie probieren gemeinsam ein brandneues Spiel aus und entdecken so vielleicht ein neues Lieblingsspiel. Abwechslung bringt auch, Spiele in der nächsten Stadtbücherei zu leihen. Man muss ja nicht alles selber besitzen.

IMMER WIEDER ANDERS: SCHARADE

In der kleinsten Hütte ist Platz für dieses Spiel, das Assoziationsfähigkeit, Bewegung und Wissen vereint. Sie können eine ganz einfache Variante der Scharade wählen, indem die Gruppe ein Themenfeld bestimmt, wie Beruf, Lied oder Zitat, und der Spieler sich einen Begriff ausdenkt, vorspielt und nichts dazu sagt. Alles muss mit Gesten dargestellt werden. Dabei geht es nur um den Spaß. Professioneller gestalten Sie Scharade mit zwei Teams. Die klassischen Kategorien werden wie folgt den Zuschauern mit folgenden Gesten angedeutet:

ZITAT
→ mit beiden Händen Anführungszeichen in die Luft zeichnen.

FILM
→ ein Auge decken Sie mit der Hand ab, die andere Hand scheint eine Kamera zu halten.

BUCH
→ beide Hände mit der Geste des Buchöffnens vor sich halten.

THEATER
→ niederknien und eine theatralische Geste machen.

LIED
→ Hände bewegen sich vom Mund weg.

TV
→ Zeigefinger und Daumen bilden ein Rechteck.

Ihre Mitspieler wissen, in welcher Kategorie Sie denken müssen. Redewendungen, Titel und Zitate, die jedem bekannt sind, werden von jedem Team ausgedacht, auf Papierstreifen gut lesbar notiert und jeweils in ein Behältnis gelegt. Setzen Sie

eine Ratezeit fest, zum Beispiel drei Minuten. Jetzt zieht ein Spieler des ersten Teams einen Zettel. Es geht los. Es ist klug, zu Beginn die Anzahl der Wörter oder Silben mit den Fingern anzuzeigen. Dann wie oben beschrieben, die Kategorie darstellen. Jetzt sind Ihrer Schauspielkunst keine Grenzen gesetzt. Wenn Ihre Mitspieler nah dran sind, signalisieren Sie „heiß" mit einer Geste, sich den Schweiß von der Stirn zu wischen. Ist es „kalt" wärmen Sie sich mit den Armen. „Korrekt" deuten Sie mit dem Zeigefinger auf die rufende Person an. Wurde der Begriff in der Zeit erraten? Dann gibt es einen Punkt für die Gruppe – sonst keinen. Es geht mit dem anderen Team weiter.

RÄTSEL SIND PERFEKT ZUM RUNTERKOMMEN

Rätsel bilden einen schönen Kontrast zu diesem Spiel, das reich an Kommunikation ist. Mit Sudoku und Co. kommen Sie perfekt runter. Sollten Sie einen Begriff oder Lösungsansatz nicht gleich finden: nicht ärgern und sich in Langmut üben. Oder Sie fragen jemand anderes. Das fördert wieder die Kommunikation …

> **WICHTIG!**
> Spielen ist schön. Schwierig wird es, wenn es droht, Ersatz für die Realität zu werden. Diese Gefahr lauert eher bei Computerspielen, wenn sich online eine Community bildet. Während Brett-, Sport- oder Geschicklichkeitsspiele einen festgelegten zeitlichen Rahmen haben, können Computerspiele scheinbar ewig dauern – die Struktur schwindet. Behalten Sie diese Aspekte bei sich und anderen im Auge.

Sauna

Sie suchen körperliche Erholung, psychische Entspannung und wollen obendrein gesund bleiben? Dann ist der Besuch einer Sauna das Richtige für Sie. Diese Trilogie des Wohlbefindens hat eine lange Tradition und entwickelt sich in Nuancen immer weiter. Ehemals meist vom männlichen Geschlecht besucht, überwiegt inzwischen der weibliche Teil. Damit sind Angebote zur Schönheitspflege und Wellness in den Fokus von Saunabädern gerückt. Seit „Mann" immer häufiger in den Cremetopf langt, fühlen sich beide Geschlechter hier wohl und finden Entspannung.

WECHSELBAD DER GEFÜHLE

Heiß und Kalt – auf diesem gegensätzlichen Paar basiert das Prinzip der Sauna. Sie erleben im Saunaraum zwischen 80°C und 110°C; Ihr Körper bekommt künstliches Fieber. Der Stoff-

---

SMART-INFO

Sauna verbindet entspannende Elemente wie körperliches und emotionales Wohlbefinden mit einer Maßnahme gegen Erkältung. Wenn Sie regelmäßig über circa vier Stunden Zeit verfügen, ist das Saunabaden eine wohltuende Ergänzung zum Sport oder eine relaxende Pause vom Alltag.

wechsel wird angeregt und Schadstoffe können schneller abgebaut werden. Dafür ist es wichtig, dass Sie während des Saunierens ausreichend trinken – Wasser oder Tee. Hören Sie ganz genau auf Ihren Körper und trinken Sie, wenn es Sie danach gelüstet. Ihre Muskulatur entspannt in kürzester Zeit, was das Saunieren vor allem für Sportler so attraktiv macht. Apropos Schönheit: Die Hitze fördert die Durchblutung der Haut, die Poren öffnen sich, Unreinheiten treten aus und alte Hautschüppchen lösen sich. Die anschließende Abkühlung zieht die Poren zusammen; das Hautbild wird feiner.

Übrigens: die Haut trocknet in der Sauna nicht aus. Last but not least stärkt diese Freizeitaktivität Ihr Immunsystem – Sie sind weniger anfällig für Infektionen. Das richtige Abkühlen – langsam und konsequent – gehört genauso zum Saunieren, wie die sorgsam gewählte Hitze. Zeigen Sie im Saunaraum keinen übertriebenen Ehrgeiz was Verweildauer und Höhe der Sitz- oder Liegeposition angeht (je höher Sie sich platzieren, desto mehr Wärme bekommen Sie ab).

Sie werden rundum erfrischt sein

REIZVOLL DURCH EINE VIELZAHL ANGENEHMER REIZE

Neben der relaxenden Wirkung dient das Saunieren der Gesundheit und Schönheit – direkt und auch nachhaltig spürbar sowie sichtbar. Sie werden erleben, dass die Sauna in vielen Details entspannend wirkt.

❋ Sie „müssen" sich rund vier Stunden Zeit nehmen, damit das Saunieren seine Wirkung auch voll und ganz entfalten kann. Vier Stunden nur für Sie oder Zeit mit einem lieben Menschen.

❋ Genießen Sie die Ruhe. Lautes Reden oder Musik gibt es nicht in einem Saunabad. Es gibt Bereiche, wo Sie mit Ihrer Begleitung ungestört plaudern können.

❋ Alles duftet angenehm. Vom ersten Duschen über Aufgüsse oder Massage bis zur abschließenden Körperpflege: Sie sind umgeben von köstlichen Aromen.

❋ Mit den Kleidern, die Sie zu Beginn ablegen, hängen Sie quasi Ihre Sorgen an den Haken.

- Bevor Sie die erste Anwendung genießen – ob Massage oder Saunagang – duschen Sie gründlich. Sie waschen mehr ab, als Schmutz und Keime. Sie reinigen auch etwas Ihren Geist.
- Die Sauna regt zunächst an und dann spendet sie tiefen Schlaf. Sie werden rundum erfrischt sein – für mehrere Tage.

DIE SAUNA GIBT ES IN VIELEN VARIATIONEN UND UNTERSCHIEDLICHEN KULTURKREISEN

Probieren Sie aus, welche Form des Saunierens für Sie am angenehmsten ist: Finnische Sauna, Dampfbad, Sanarium, … Saunieren erfreut sich als Entspannungsform weltweit großer Beliebtheit. Beachten Sie aber in anderen Kulturkreisen die jeweiligen Regeln. Sie können von Ihren Gewohnheiten abweichen.

> **WICHTIG!**
> Sauna ist nicht für jeden geeignet. Es gibt Erkrankungen, die das Saunieren verbieten. Stimmen Sie sich dazu mit einem Arzt ab.

Lachen

Kein Witz: Lachen ist gesund. Während Sie Ihrer Freude Ausdruck verleihen, passiert im Körper eine Menge. Es werden auf der einen Seite gesundheitsfördernde Hormone ausgeschüttet, wie das „Glückshormon" Beta-Endorphin. Das drosselt die Schmerzwahrnehmung und Ihr Lachen wirkt wie eine Schmerztablette. Auf der anderen Seite hat der Lachende weniger Stresshormone. Schließlich stärkt Lachen das Immunsystem.

FÜR ANFÄNGER: LACHEN AN EINER HAND ABZÄHLEN

Möchten Sie zunächst alleine erleben, wie entspannend Lachen wirkt? Dann passt diese Übung: Die Finger Ihrer Hand zeigen die Lachintensität an. Beginnen Sie mit dem Daumen und kichern Sie fast lautlos. Strecken Sie den Zeigefinger vor und lachen Sie etwas lauter. Bei Drei: noch lauter. Ist der kleine Finger erreicht, lachen Sie mit richtig viel Druck. Jetzt lassen

SMART-INFO

400 Lacher lassen Kinder täglich im Schnitt los. Und Erwachsene? Lachen nur 15 Mal im gleichen Zeitraum. Dabei verpassen Sie die Chance, auf natürliche Art und Weise zu entspannen.

Sie das Lachen abebben. Was spüren Sie? Ihr Körper ist wohlig warm und gelöst.

OHNE ANLASS ZU LACHEN LÄSST SICH ÜBEN

Das Gehirn unterscheidet nicht zwischen gespieltem und echtem Lachen. Hier ein paar „lächerliche" Tipps, die positive Effekte haben:

* Wer schnell ins „Land des Lächelns" reisen will, lässt sich kitzeln – unter den Füßen, den Achseln oder an den Rippen. Wo sind Sie besonders kitzelig?
* Lächeln Sie sich selber zu, wenn Sie in einen Spiegel schauen. Das ist nicht selbstverliebt, sondern übt.
* Im Supermarkt: Die Kassiererin nennt den Betrag und schaut dabei nur flüchtig hoch. Passen Sie genau diesen einen Moment ab und lächeln Sie die Person an. Der Effekt ist erstaunlich: aus einer ungläubigen Miene wird ein nettes Gesicht. Wer macht sich schon die Mühe, während der alltägli-

chen Hektik ein Lächeln zu verschenken? Und so werden Sie mit Freundlichkeit belohnt für diesen minimalen Aufwand. Sie werden sehen, wenn Sie das ein paar Mal erlebt haben, werden Sie im positiven Sinn süchtig danach, ein gutes Feedback zu erhalten.

LACHYOGA: VOM GEHEIMTIPP ZUM TREND

Lachyoga in vier Schritten. Legen Sie dazu lockere Kleidung an, laufen Sie barfuß oder auf Socken. Es ist gut, in der Gruppe zu üben.

1. Lachsilben üben

Klatschen Sie rhythmisch in die Hände. Der Rhythmus folgt „eins, zwei" und „eins, zwei, drei". Halten Sie den Oberkörper bei „eins, zwei" in der Mitte, bei „eins, zwei, drei" bewegen Sie ihn nach rechts. Dann wieder zweimal mittig klatschen, dann dreimal links klatschen. Jetzt kommen aus dem Bauch heraus Stimme und betontes Atmen dazu – rhythmische Lachsilben. Auf die ersten beiden Klatscher rufen Sie „Ho,Ho", auf die folgenden drei Klatscher stimmen Sie ein „Ha, Ha, Ha" an. Bewegen Sie sich jetzt ganz locker im Raum. Nehmen Sie dabei Blickkontakt zu den anderen Teilnehmern auf und führen Sie Klatschen und Rufen weiter. Das „Ho,Ho – Ha, Ha, Ha" und Klatschen steigert sich, bis es ganz schnell wird.

2. Atmen üben

Beugen Sie locker den Oberkörper nach vorne – nur so weit, wie es angenehm ist. Schwingen Sie die Arme. Lockern Sie so Oberkörper und Arme. Die Hände „streicheln" den Boden. Heben Sie den Oberkörper an und nehmen Sie die Arme hoch über den Kopf. Atmen Sie dabei tief ein und halten Sie den Atem für drei Sekunden in der Lunge. Die Bewegung ähnelt dem morgendlichen Recken. Lassen Sie den Oberkörper wieder sinken und atmen Sie hörbar aus. Sie dürfen seufzen. Jetzt erweitern Sie diese Übung so: Wenn Sie die Spannung lösen, klopfen Sie sich auf die Oberschenkel und lachen im Stakkato (ha, ha, ha, ha, ha ...). Dabei tippeln Sie mit den Füßen auf dem Boden. Dann wieder von unten einatmen, halten und lachend, klopfend und tippelnd lösen.

3. Kindliche Verspieltheit üben

Sie gehen in die Knie, klatschen zweimal in die Hände und sagen dabei jeweils: „Sehr gut". Nach zwei Mal „Sehr gut" reißen Sie die Arme in die Luft wie ein Sieger und rufen „Jaaaa". Dabei strecken Sie den Körper lang.

4. Lachen üben

Das Herzschlaglachen entwickelt sich mit der Silbe „Ha". Die Hände wandern schrittweise mit jedem „Ha" von der Brust beginnend nach außen. Das „Ha" wird lauter und intensiver und steigert sich immer weiter bis zu einem durchgehenden Lachen, wenn die Arme ganz weit ausgebreitet sind. Dann nehmen Sie die Arme schrittweise mit jeweils einem „Ha" zurück und Sie werden kleiner. Dann die Übung wieder von vorn beginnen.

Lachyoga ist inzwischen weit verbreitet. Schauen Sie in Ihrer Nähe nach einer Gruppe, der Sie sich anschließen können, und entdecken Sie die Möglichkeit, Bewegung und den natürlichen Impuls des Lachens zu verbinden.

SIE ENTSPANNEN BEIM LACHEN FAST VON SELBST AUF GANZ NATÜRLICHE ART UND WEISE

Lachen hat mehr Vorzüge, als Sie vielleicht denken. Wer lacht, kann seine Kreativität fördern. Sie müssen eine knifflige Aufgabe lösen? Dann sollten Sie sich zunächst etwas amüsieren. Vielleicht kennt in der Gruppe jemand einen Witz, oder Sie abonnieren im sozialen Netz eine entsprechende Seite. Erzählen Sie selber Witze und bringen Sie andere zum Lachen – Sie dürfen das! Genießen Sie es, Spaß zu haben.

Beim Lachen spannen Sie verschiedene Muskelgruppen an: Zwerchfell, Bauch und Schultern. Ist das Lachen vorbei, entspannen die Muskeln und Sie erleben einen ähnlichen Effekt wie bei der progressiven Muskelentspannung. Apropos Muskel: Das Herz wird beim Lachen positiv beansprucht und trainiert. Lachen ist die beste Medizin ...

Genießen Sie es, Spaß zu haben

Innere Haltung

IN DIESEM KAPITEL WERDEN WIR WIEDER ETWAS RUHIGER. DIE BEITRÄGE REGEN SIE ZUM NACHDENKEN AN, GEBEN ABER AUCH PRAKTISCHE HINWEISE. MACHEN SIE ES SICH IN EINEM SESSEL EINFACH GEMÜTLICH MIT EINER TASSE TEE: UND SCHON SIND WIR IM ERSTEN THEMA: HYGGE, DEM LEBENSGEFÜHL AUS SKANDINAVIEN.

Hygge

ENTSPANNUNG ALS LEBENSPHILOSOPHIE

Laut „World Happiness Report", den die Vereinten Nationen seit 2012 veröffentlichen, gehören die Dänen zu den glücklichsten Menschen der Welt. „Wie machen die das?", fragen Sie sich vielleicht. Es liegt an Hygge.

Die Einwohner des nordischen Königreichs haben die Philosophie, entspannt zu leben, in den Kanon ihrer zehn wichtigsten Werte gewählt. Ein Grund, sich damit näher zu beschäftigen. Hygge basiert auf einer wertschätzenden und respektvollen Gemeinschaft (von Gesellschaft wird in der Regel nicht gesprochen). Man vertraut sich gegenseitig. Dadurch fühlen sich alle geborgen und arglos. Aus diesem Lebensgefühl heraus entstehen Produkte, Leistungen und Aktivitäten, die einfach schön sind – inhaltlich und optisch. Auch Sie können mit Hygge entspannen! Es ist gar nicht so schwer.

> **SMART-INFO**
>
> Hygge ist ein dänisches Wort und beschreibt viele Facetten im Königreich zu leben. Man kann es übersetzen mit „in Geselligkeit zufrieden sein". Diese entspannte Haltung wird im gesamten skandinavischen Raum gepflegt und erfasst als Trend die westliche Welt.

MACHT ES EUCH GEMÜTLICH

Denken Sie ganz einfach an die drei „Ks": Kakao, Kekse und Kerzen. Ohne diese Accessoires geht nichts in Dänemark. Besonders wirkungsvoll kommen sie im Winter zur Geltung – und der ist im nördlichen Europa mit seiner langen Periode der Dunkelheit bestimmend fürs Leben. Licht und Wärme halten den Winter-Blues ganz natürlich zurück. Das macht die kalte Jahreshälfte in jedem Land genussvoll.

Kekse

Laden Sie ein paar Freunde ein und backen Sie gemeinsam die leckersten Kekse. Jeder bringt die Zutaten für ein altes Familienrezept mit. Da Kekse am besten schmecken, wenn sie einige Zeit Ruhe hatten, treffen Sie sich nach drei Wochen wieder zur Verkostung.

Kerzen

Bald können Sie nicht mehr ohne. Schon am Tag sind sie attraktive Accessoires für Ihr Zuhause. Arrangiert im bunten

> Eine entspannte Pause gibt Kraft für den alltäglichen Endspurt

Mix oder ganz puristisch in einer Farbe, groß und klein, dick und dünn: finden Sie Ihre Lieblingskombi. Schauen Sie nach einer Adresse, wo Sie Kerzen selber ziehen können. Sie haben immer ein außergewöhnliches Geschenk für liebe Menschen zur Hand. Zur Kerze gehört natürlich auch der passende Halter. Bummeln Sie ganz entspannt durch Läden für Wohnbedarf oder auf Flohmärkten und entdecken Sie dieses Kleinod der Wohngestaltung neu.

Kakao

Kakao steht für die Liebe der Dänen für Süßes. Und er zeigt zugleich ein anderes Phänomen von Hygge: Maßhalten durch Qualität. Gönnen Sie sich ruhig täglich eine heiße Schokolade oder ein Stück Kuchen zur nachmittäglichen Kaffeezeit. Eine entspannte Pause gibt Kraft für den alltäglichen Endspurt. Aber: Futtern Sie nicht die gesamte Tafel Schokolade! Teilen ist wohl der beste Schutz und verbreitet zugleich gute Laune. Was Sie sich auch gönnen: Achten Sie auf die Qualität. Die ist in der Regel etwas teurer, dafür bekömmlich und sie schützt vor Völlerei.

NORDISCHER LIFESTYLE FEIERT DAS LEBEN AUF SANFTE ART UND WEISE

Sie brauchen nicht viel, um Ihrem Zuhause einen Touch von New Nordic, wie nordisches Design aktuell heißt, zu verleihen. Das Geheimnis lautet: Funktionalität. Erst ein aufgeräumtes Ambiente lässt Pastelltöne und ausgesuchte Accessoires wirken.

* Lassen Sie den Blick schweifen: Gibt es Ecken, die ungenutzt oder total vollgestellt sind? Denken Sie neu! Tauschen Sie Zimmer oder legen Sie Wohnbereiche zusammen.
* Rosé, Pistazie und Blue kombinieren Sie mit Nude und hellen Hölzern.
* Wählen Sie Möbel mit weicher, klarer Silhouette.
* Kontrastieren Sie Metall mit weichen Stoffen wie Filz, Wolle und Leinen.
* Lassen Sie das Licht herein, aber verzichten Sie nicht komplett auf dekorative Heimtextilien. Helle Schals oder Vorhänge machen den Raum wohnlich. Neben Kerzen sind formschöne Leuchten signifikant für New Nordic.

* Schaffen Sie Platz für Geselligkeit in Nähe der Küche. Auf der anderen Seite richten Sie sich Ihren „Hyggekro" ein – eine Kuschelecke mit Decke, Kissen und Leselicht.

UNGEZWUNGEN, NICHT NACHLÄSSIG

Machen Sie nicht nur Ihr Zuhause schön, sondern auch sich selbst. Damit Sie sich in Freizeit wie Job ungezwungen bewegen können, wählen Sie eine lockere Kleidung. Skandinavische Mode ist bequem und kleidsam zugleich und hat sich zudem in den letzten Jahrzehnten einen Namen gemacht, weil sie fair und nachhaltig produziert wird. Verwechseln Sie ungezwungen nicht mit nachlässig. Gerade Schnitte von Hemd und Bluse bis Hose und Rock machen Scan-Fashion tragbar für jeden Figurtyp. Raffinierte Details wie Knöpfe und Verschlüsse sowie ungewöhnliche Dessins und Strukturen der Textilien verleihen das gewisse Etwas.

HYGGE SCHMECKT GUT

Für oder mit Freunden kochen ist zentral für das entspannte Leben mit Hygge. Mit dem weltbekannten Smørrebrød steigen Sie ganz unkompliziert ein. Wahrscheinlich haben Sie schon viele Zutaten für die dänische Leibspeise griffbereit. Sie sollten sich nur etwas Zeit und Aufmerksamkeit für die Zubereitung nehmen.

- Grundlage ist ein kräftiges, dunkles Brot.
- Geben Sie Butter oder einen anderen Aufstrich darauf.
- Der Belag variiert nach Saison und Vorlieben: nur Käse oder eine Kombination mit Schinken oder Wurst? Eingelegten Fisch kombinieren Sie mit Apfel und Zwiebel. Frischkäse schmeckt mit Pute, Annanas und Curry.
- Schneiden Sie die Zutaten schön klein, die Scheiben sollten zart sein.
- Lassen Sie bei der Dekoration der Brote Ihrer Kreativität freien Lauf. Smørrebrød ist ein kleines Kunstwerk, das etwas aufbaut und darum am besten mit Messer und Gabel gegessen wird.

❋ Nett ist es auch, die Zutaten auf dem Tisch zu verteilen und jeder stellt sich selber sein Smørrebrød zusammen.

Mit selbstgezogenen Kräutern geben Sie der hyggeligen Küche eine köstliche wie gesunde Note.

GENUSS, GEMÜTLICHKEIT UND GESELLIGKEIT

Sie werden sehen, dass Hygge Sie insgesamt positiv bereichern kann. Die Lebensphilosophie bedeutet mehr, als im Winter warme, selbstgestrickte Wollsocken zu tragen. Lassen Sie sich von der Vielseitigkeit inspirieren und bringen Sie Genuss, Gemütlichkeit und Geselligkeit in Ihr Leben. Bei den glücklichen Dänen können Sie sich abschauen, wie es funktioniert: Mit Hygge entspannen Sie durch Geborgenheit.

Entspannen Sie durch Geborgenheit

Achtsamkeit

Achtsamkeit – im wahrsten Sinn des Wortes: Sie können im Kleinen sowie Hier und Jetzt schon mit Achtsamkeit beginnen. Treten Sie gedanklich einen Schritt zurück. Betrachten Sie, was gerade mit Ihnen oder um Sie herum passiert. Und überlegen Sie, welche Kleinigkeit Sie heute so verändern könnten, damit Sie Ihr Wohlbefinden steigern. Sie müssen nicht das Große und Ganze ändern. Sich treiben lassen, statt rasen. Mal träumen, statt grübeln. Selber singen, statt Playlist hören. Kleine Räume im Alltag sind das, die Sie entspannen lassen.

MINDFULNESS BASED STRESS REDUCTION

Mit MBSR (Mindfulness Based Stress Reduction), einer Methodik der Achtsamkeit, vertiefen Sie das Thema. MBSR dient zur Bewältigung von Stress und trägt zur Entspannung bei. Sie besuchen in der Regel einen achtwöchigen Kurs. Im Anschluss

SMART-INFO

Achtsamkeit – der Begriff meint, was er sagt: Gehen Sie rücksichtsvoll mit sich, Ihrer Umwelt und anderen um. Dieses Verhalten führt zur Entspannung im Alltag.

sind Sie in der Lage entsprechende Übungen in eigener Regie durchzuführen.

HELLWACH UND KLAR IM GEIST

Körperwahrnehmung und Meditation bilden die Praxis der Achtsamkeit, die aus der Lehre des Buddhismus stammt und von verschiedenen Vertretern für Medizin und Psychologie in der westlichen Welt integriert wurde.

Aufmerksamkeit, die im Augenblick ruht und nicht urteilt – so lässt sich der Zustand beschreiben, den Sie erlangen und der Sie entspannen lässt. Dabei ist es gut zu wissen, dass sich bei dieser Praxis Achtsamkeit klar von Konzentration unterscheidet. Lesen erfordert beispielsweise Konzentration, also die aufmerksame Fokussierung auf die Schriftzeichen. Sie verfallen in eine Art Trance. Achtsamkeit setzt auf einen Zustand des Bewusstseins, der sich für die Fülle der Wahrnehmung öffnet. Sie sind hellwach und klar im Geist.

Sich treiben lassen, statt rasen. Mal träumen, statt grübeln

ACHTSAMKEIT BASIERT AUF AKZEPTANZ

Über die geschärfte Wahrnehmung lernen Sie, die Dinge anzunehmen. So kann es mit Schmerz sein, der nicht mit Tabletten betäubt, sondern möglichst gleichgültig angenommen und betrachtet wird. Eine Aufgabe, die Sie mit Übung meistern können. Auch wenn es um Emotionen geht, hilft die Praxis der Achtsamkeit, Ihre Gefühle zu regulieren. Die folgenden Übungen bringen Sie ganz unkompliziert mit der Achtsamkeit in Kontakt.

Formale Achtsamkeit: Punktgenau zielen
Diese Übung hilft, Ihre Körperwahrnehmung zu prüfen. Bitten Sie jemand anderes dazu. Jetzt schließen Sie Ihre Augen. Die andere Person tippt mit dem Finger auf eine beliebige Stelle Ihres Körpers. Mit geschlossenen Augen versuchen Sie genau diese Stelle ebenfalls anzutippen. Treffen Sie genau, haben Sie eine gute Körperwahrnehmung. Liegen Sie öfter daneben, könnte ein Kursus in Achtsamkeit für Sie eine gute Anregung sein.

Informelle Achtsamkeit: Tätigkeiten des Alltags

Machen Sie sich Verrichtungen, die scheinbar bedeutungslos sind, gegenwärtig. Händewaschen, Türe öffnen, Schuhe zubinden: Betrachten Sie, was Sie tun und werden Sie gewahr, welche Eindrücke Sie haben. So kann es auch mit dem ersten Biss in einen Apfel sein. Welches Geräusch macht das? Welche Aromen nehmen Sie wahr? Wie fühlt sich der Apfel im Mund an?

DIE SCHÖNHEIT DES MOMENTS WIEDER ERKENNEN

Achtsamkeit hilft Ihnen auch unter Druck, den Blick für die Freude wieder zu erlangen. Es gibt Umstände, die Sie nicht ändern können. Durch Achtsamkeit können Sie entspannen und die Dinge annehmen. Sie leben im Hier und Jetzt.

WICHTIG!
Schmerzerkrankte sollten mit ihrem Arzt abklären, ob Achtsamkeitspraxis für sie geeignet ist. Ebenfalls sollten Menschen mit diesen Anzeichen ärztlichen Rat einholen: bei Depression, Psychosen, Sucht, Selbstkritik, ausweichendem Verhalten.

Work-Life-Balance

> **SMART-INFO**
> Setzen Sie sich mit „Work-Life-Balance" auseinander und erkennen Sie, wo Ihre Potenziale liegen, um mehr Entspannung zu erlangen. Wie möchten Sie die Bereiche „Arbeit" und „Privatleben" in Einklang bringen? Klappt es besser, konsequent zu trennen? Oder liegt das Geheimnis in der Harmonie? Die Antwort ist so individuell, wie Sie selbst.

Ihrer Work-Life-Balance sollten Sie ausreichend Beachtung schenken. Eine simple Rechnung macht das klar. Als Arbeitnehmer sind Sie werktags acht Stunden im Job unterwegs. Rund acht Stunden entfallen auf Ihren Schlaf und diese Menge ist auch empfehlenswert. Bleiben also acht Stunden übrig für das Privatleben – im wachen Zustand. Da müssen Sie einkaufen, putzen, rumfahren ... dank Digitalisierung sind Sie außerdem noch mit der Arbeit verbunden. Für Familie, Hobbys und Ehrenamt bleibt nur wenig Zeit.

SO LEBEN SIE ENTSPANNTER

Ein paar Tipps helfen Ihnen, ein entspanntes Verhältnis zwischen Arbeit und Privatleben zu schaffen oder die jeweilige Zeit angenehm zu gestalten.

❋ „Love what you do and do what you love." Übertragend fordert diese Weisheit dazu auf, sich mit der jeweiligen Situation oder Tätigkeit zu identifizieren, darin wirklich aufzugehen. Wer seine Ziele konsequent verfolgt, fühlt sich gut. Widmen Sie sich sowohl Ihrer Arbeit als auch Ihrer freien Zeit in sorgfältiger Art. Halbherzigkeit macht unzufrieden.

❋ Dazu passt dieser praktische Hinweis: Tragen Sie eine Uhr am Handgelenk. So vermeiden Sie, ständig aufs Handy zu schauen, wenn Sie die Uhrzeit wissen wollen. Da entdecken Sie häufig rote Häkchen und Punkte – schon ist Ihre Aufmerksamkeit gefangen. Konzentrieren Sie sich lieber auf das, was Sie tun: Arbeiten oder frei machen.

❋ In der Kürze liegt die Würze: Prüfen Sie, ob kürzere Intervalle besser funktionieren. Zum Beispiel beim Urlaub. Die Vorteile liegen auf der Hand, oder besser gesagt auf Ihrem Schreibtisch: Nach einem Kurzurlaub wie einer viertägigen Städtereise oder einem Wellness-Trip stapelt sich die Arbeit nicht gleich. Sie können gut vor- und nachbereiten.

Oder probieren Sie aus, das Zuhause nicht in einem Rutsch zu säubern, sondern in kleinen Abschnitten. Die Arbeit steht dann nicht wie ein großer Berg vor Ihnen.

- Man kann es nicht oft genug anmerken: Schaffen Sie sich Freiräume. Freunde treffen und Sporttreiben sind Aktivitäten, die Sie mental und körperlich fit halten. Da sollten Sie keine Kompromisse machen. Übrigens lässt sich das auch auf Ihre Beziehung übertragen. Wenn Sie merken, dass Beruf und Freizeit nicht mehr harmonieren, verabreden Sie mit Ihrem Partner eine Struktur. An einem Tag im Monat oder besser in der Woche gehen Sie ins Kino. Oder Sie laden Freunde zum Essen ein. Oder genießen die Sauna. Es kommt darauf an, dass Sie daran festhalten und sich gegenseitig bestärken. Gemeinsam schaffen Sie das.
- Partnerschaftliches Denken und Handeln ist überhaupt der Schlüssel für eine gelungene Work-Life-Balance. Geben Sie auch mal ab! Ob im Job oder Zuhause lassen sich Aufgaben auf mehrere Schultern verteilen. Sie gewinnen dadurch Raum für eigene, ganz persönliche Aktivitäten. Natürlich müssen Sie das Ergebnis akzeptieren. Das Abendessen

schmeckt anders, wenn der Partner kocht. Die Wäsche ist nach einem anderen System geordnet. Die Kollegin erledigt den Anruf zu einem anderen Zeitpunkt. So what? Es wird gemacht. Nicht schlechter, nur anders.

IM EINKLANG MIT FAMILIE UND FREUNDEN

Insgesamt kann man sagen, dass Gelassenheit die Grundlage für eine gelungene Work-Life-Balance bildet. Es gibt kein absolutes System, mit dem Sie Familie, Karriere, Gesundheit und soziales Leben in Einklang bringen. Wenn Sie sich mehr der Karriere widmen, weil sich eine gute Gelegenheit eröffnet: sprechen Sie mit Ihrer Familie und Ihren Freunden darüber. Sagen Sie, dass Sie Unterstützung brauchen und dann erhalten Sie diese. Später reduzieren Sie vielleicht im Job, können sich das jetzt leisten und geben die Aufmerksamkeit zurück. Mit dieser ständigen Balance werden Sie ein entspanntes Leben führen.

Gelassenheit ist die Grundlage für ein gelungenes Leben

Bildnachweis

Fotolia.com: S. 4 (© contrastwerkstatt), 6 (© Africa Studio), 7 (© Subbotina Anna), 10 (© kieferpix), 13 (© georgerudy), 14 (© monropic), 17 (© contrastwerkstatt), 21 (© fizkes), 24 (© Antonioguillem), 27 (© fizkes), 30 (© contrastwerkstatt), 33 (© WavebreakMediaMicro), 35 (© BillionPhotos.com), 37 (© contrastwerkstatt), 43 (© coldwaterman), 46 (© ADDICTIVE STOCK), 50 (© Syda Productions), 53 (© Robert Kneschke), 59–63 (© Andy Nowack), 69 (© contrastwerkstatt), 76 (© Light Impression), 83 (© Monkey Business), 114 (© Maridav), 119 o. (© photocrew), 119 u. (© Printemps), 125 (© Africa Studio), 127 (© Y's harmony), 137 (© jd-photodesign), 140 (© Oscar Brunet), 142 (© Subbotina Anna), 150 (© kerdkanno), 154 (© Marco2811), 157 (© Giorgio Magini), 160 (© drubig-photo), 164 (© markos86), 167 (© Boggy), 169 (© ARochau), 173 (© Africa Studio), 176 (© didesign), 183 (© Africa Studio), 186 (© VadimGuzhva), 190 (© mariesacha), 192 (© Yakov Stavchansky), 198 (© Evgeniy Kalinovskiy), 201 (© bARTiko), 203 o. (© halina47), 203 u. (© moltaprop), 208 (©andreaobzerova), 216 (© Photographee.eu), 219 (© kieferpix), 220 (© Gregory Johnston), 223 (© Robert Kneschke), 226 (© JackF), 236 (© robdoss), 238 (© Africa Studio), 241 (© Daria Minaeva), 244 u. 250 (© Photographee.eu), 253 (© Kzenon)
© Colourbox.de: S. 66, 74, 80, 89, 90, 94, 95, 99, 100, 109, 129, 134, 145, 215, 229, 233
Archiv der Verlages: S. 106

Illustrationen (Mandalas):
Fotolia.com: © anvino, © kati_kapik